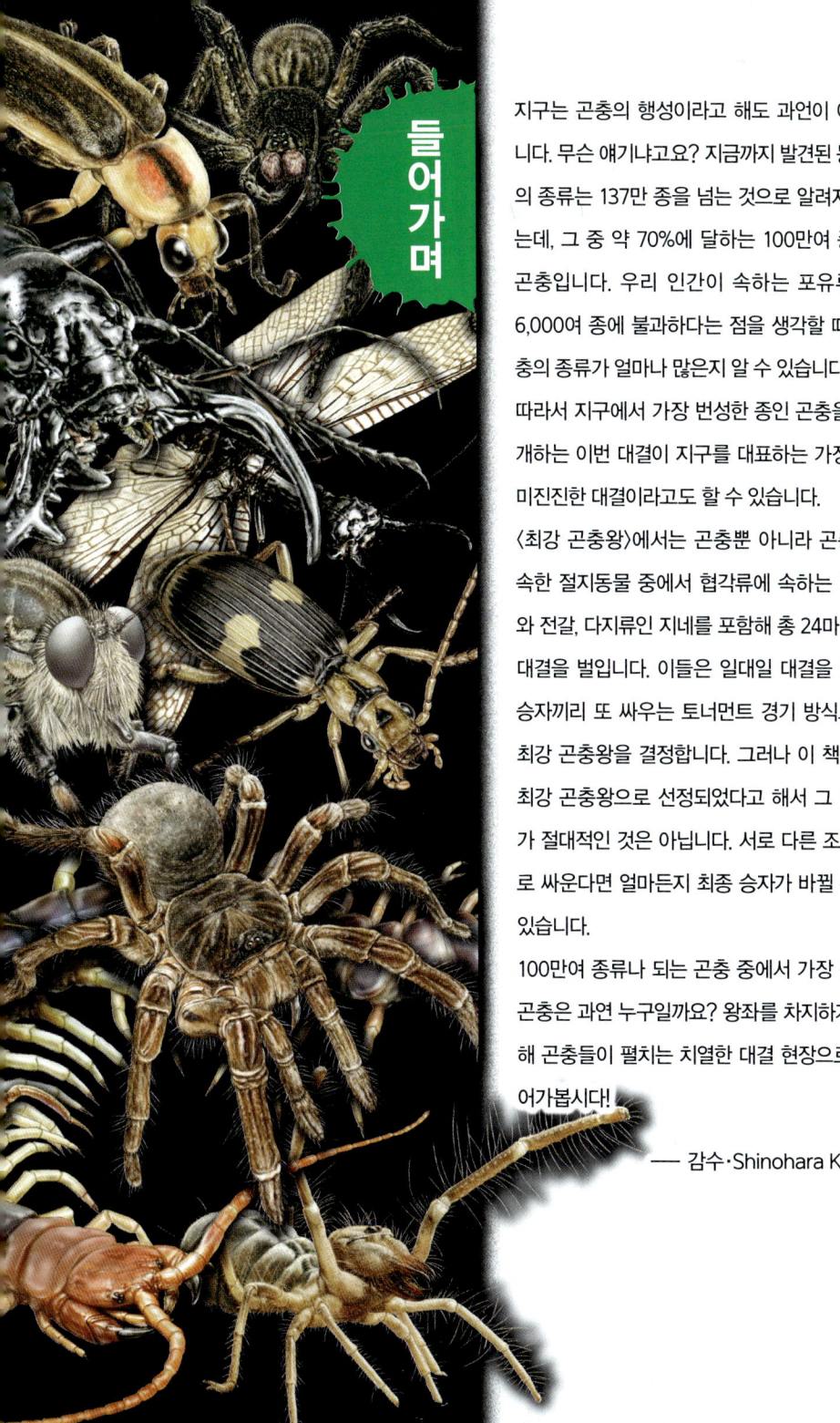

들어가며

지구는 곤충의 행성이라고 해도 과언이 아닙니다. 무슨 얘기냐고요? 지금까지 발견된 동물의 종류는 137만 종을 넘는 것으로 알려져 있는데, 그 중 약 70%에 달하는 100만여 종이 곤충입니다. 우리 인간이 속하는 포유류는 6,000여 종에 불과하다는 점을 생각할 때 곤충의 종류가 얼마나 많은지 알 수 있습니다.

따라서 지구에서 가장 번성한 종인 곤충을 소개하는 이번 대결이 지구를 대표하는 가장 흥미진진한 대결이라고도 할 수 있습니다.

〈최강 곤충왕〉에서는 곤충뿐 아니라 곤충이 속한 절지동물 중에서 협각류에 속하는 거미와 전갈, 다지류인 지네를 포함해 총 24마리가 대결을 벌입니다. 이들은 일대일 대결을 벌여 승자끼리 또 싸우는 토너먼트 경기 방식으로 최강 곤충왕을 결정합니다. 그러나 이 책에서 최강 곤충왕으로 선정되었다고 해서 그 결과가 절대적인 것은 아닙니다. 서로 다른 조합으로 싸운다면 얼마든지 최종 승자가 바뀔 수도 있습니다.

100만여 종류나 되는 곤충 중에서 가장 강한 곤충은 과연 누구일까요? 왕좌를 차지하기 위해 곤충들이 펼치는 치열한 대결 현장으로 들어가봅시다!

— 감수·Shinohara Kaori

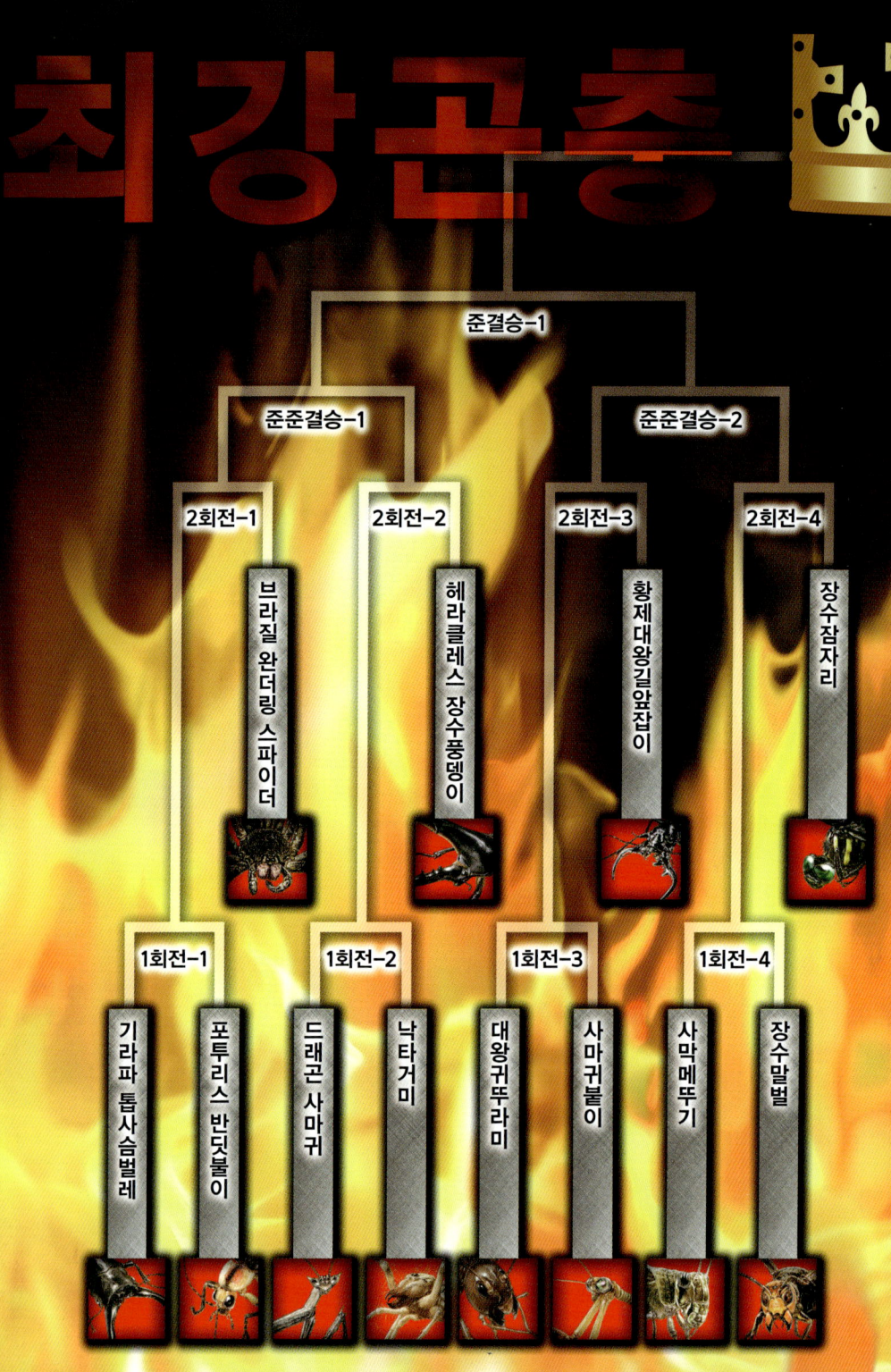

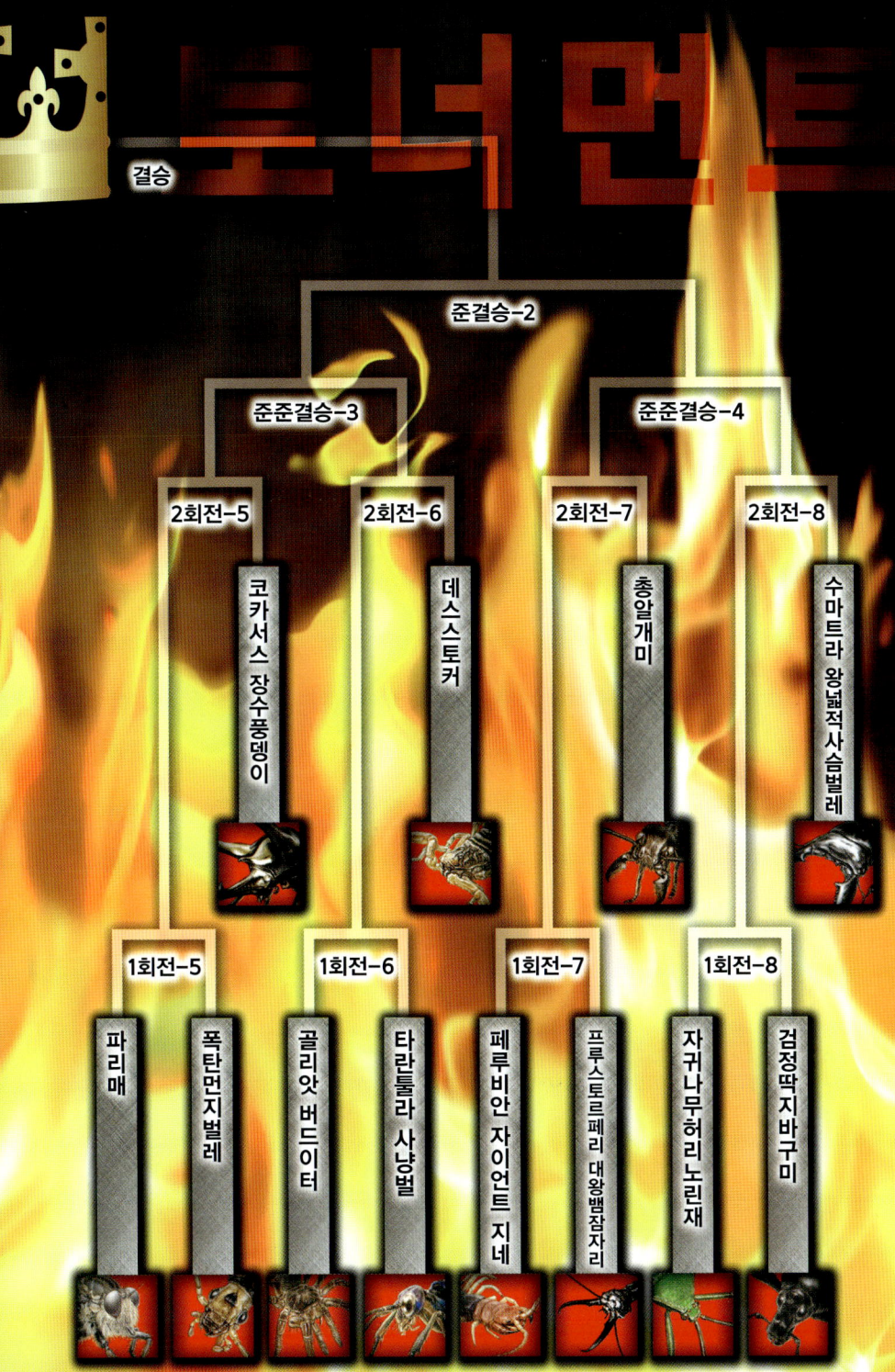

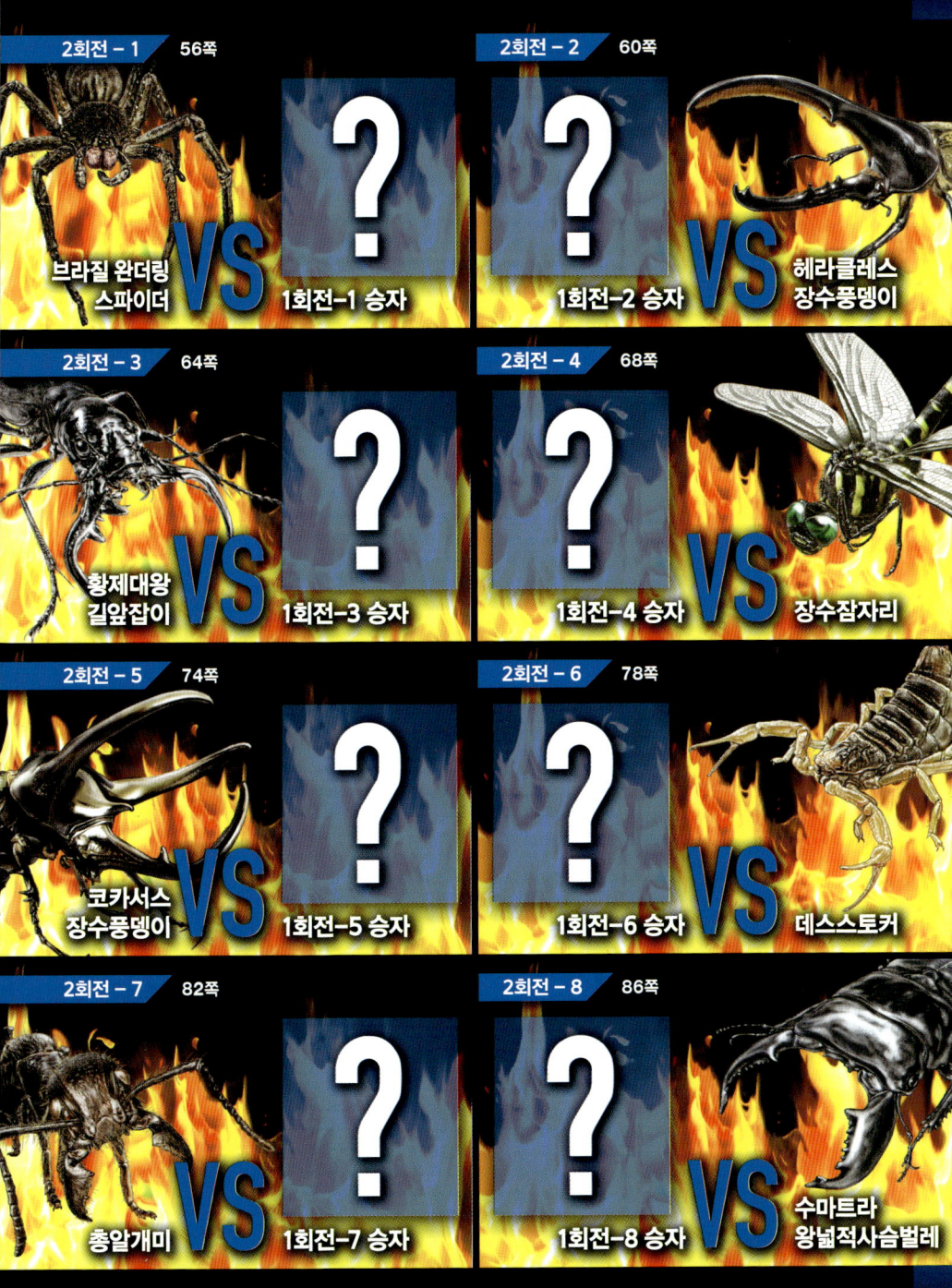

제3장 준준결승

준준결승 - 1　96쪽
2회전-1의 승자 VS 2회전-2의 승자

준준결승 - 2　100쪽
2회전-3의 승자 VS 2회전-4의 승자

준준결승 - 3　104쪽
2회전-5의 승자 VS 2회전-6의 승자

준준결승 - 4　108쪽
2회전-7의 승자 VS 2회전-8의 승자

제4장 준결승·결승

준결승 - 1　116쪽
준준결승-1의 승자 VS 준준결승-2의 승자

준결승 - 2　120쪽
준준결승-3의 승자 VS 준준결승-4의 승자

결승　126쪽
준결승-1의 승자 VS 준결승-2의 승자

기타 차례

기초 지식·설정

- 규칙 ········· 10쪽
- 본문 보는 법 ········· 11쪽
- 곤충에 관한 기초 지식 ········· 12쪽
- 곤충 정보 ········· 130쪽
- 용어집 ········· 135쪽

곤충 칼럼

- 칼럼 1 특별한 무기를 가진 곤충들 ········· 32쪽
- 칼럼 2 특별한 능력을 갖춘 곤충들 ········· 52쪽
- 칼럼 3 집단으로 생활하는 곤충들 ········· 72쪽
- 칼럼 4 거친 환경에서 사는 곤충들 ········· 92쪽
- 칼럼 5 멸종된 고대 곤충들 ········· 112쪽

곤충 랭킹

- 랭킹 1 힘 & 공격력 ········· 54쪽
- 랭킹 2 체력 & 방어력 ········· 94쪽
- 랭킹 3 스피드 & 순발력 ········· 114쪽
- 랭킹 4 기술 ········· 124쪽
- 랭킹 5 포악성 ········· 125쪽

시범경기

시범경기 - 1 50쪽
물방개(애벌레) VS 막시무스 물장군

시범경기 - 2 90쪽
메가네우라 VS 아르트로플레우라

규칙

1 토너먼트 상대는 추첨으로 정한다.

2 대결에 적합한 크기의 곤충끼리 토너먼트에서 맞붙는다.

3 체격이나 몸무게, 능력 등에서 차이가 커도 대결 상대에게 별다른 이점을 주지 않는다.

4 토너먼트에는 곤충뿐 아니라 거미나 지네와 같은 다른 절지동물도 출전하지만, 책에서는 편의상 모두 '곤충'이라고 부른다.

5 겁이 많거나 온순한 곤충이라도 처음부터 싸우지 않고 도망치는 일은 없게 한다.

6 대결 장소는 한쪽에 일방적으로 유리하지 않도록 양쪽의 서식지와 유사한 환경으로 설정한다.

7 날씨가 지나치게 나쁠 때는 대결하지 않는 것으로 한다.

8 대결은 낮, 밤을 가리지 않고 벌어질 수 있다. 어떤 시간대에 대결하든 각 곤충이 본래의 능력을 발휘할 수 있도록 한다.

9 대결에 제한 시간은 없다. 한쪽이 대결을 계속할 수 없게 되든지 대결을 포기하고 도망치면 대결이 끝난 것으로 본다.

10 곤충마다 가장 좋은 상태에서 대결에 임할 수 있도록 앞선 전투에서 얻은 상처나 피로는 다음 대결 전까지 모두 나은 것으로 가정한다.

대결 무대

초원이나 숲 등 곤충이 생활하는 장소와 가장 유사한 환경을 대결 장소로 정한다. 서식지가 서로 많이 다른 곤충끼리의 대결은 양쪽 모두 실력을 발휘할 수 있는 무대가 각각 준비된다.

승패 결정

상대방에게 더 싸울 수 없을 정도로 큰 상처를 입히거나 압도적인 실력 차 때문에 상대방이 먼저 도망간다면 승리한다. 목숨이 위태로울 정도로 큰 상처를 입었어도 앞서 언급한 승리 조건을 먼저 갖추면 승자가 된다.

지리적 특징을 이용해서 싸우기도 한다!

최강 곤충왕은 누가 될 것인가!

본문 보는 법

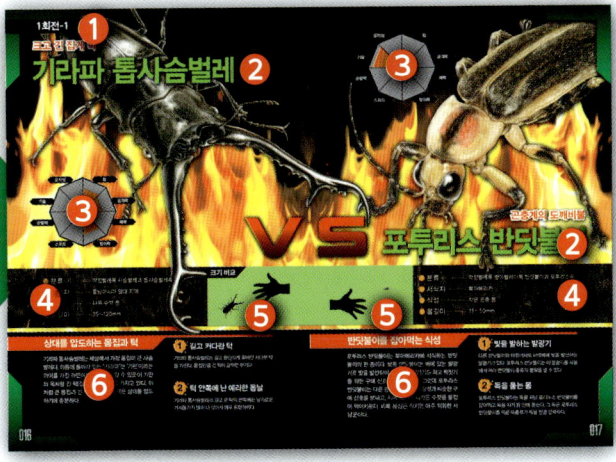

대결 곤충 기본 정보

❶ **경기 번호**: 몇 회째의 대결인지 나타낸다. ❷ **대결하는 곤충의 이름** ❸ **거미줄 도표**: 힘, 공격력, 체력, 방어력, 스피드, 순발력, 기술, 포악성을 10단계로 나누어 평가한다. ❹ **정보**: 생물학적 분류(어떤 종류의 곤충인지), 서식지(사는 장소), 식성(주로 먹는 것), 몸길이('머리에서 배까지의 길이'를 뜻함) ❺ **크기 비교**: 일반적인 성인 남자 손과 곤충 크기를 비교한다. ❻ **첫 등장 시**: 곤충의 생태와 특징, 무기에 대해 설명한다. / 2회전 이후: 지난 대결에서 어떻게 싸웠는지 설명한다.

대결 장면

❼ **대결 장소**: 출전한 곤충의 서식 환경과 유사한 곳을 대결 장소로 정한다.
❽ **배틀 씬** ❾ **LOCK ON!**: 대결에서 주목할 만한 장면을 확대해서 보여준다.

※ 박진감 넘치는 대결 장면을 위해 곤충의 크기를 키웠다. 배경에 있는 투명한 사람 형체와 비교하면 곤충을 어느 정도 키웠는지 가늠할 수 있다.

곤충에 관한 기초 지식

사람을 포함한 포유류는 그 종류가 6,000여 개에 불과한데 곤충은 현재 확인된 것만 100만 종 이상이다. 더욱이 매년 새롭게 발견되는 곤충도 수백 종이 넘는다. 지구 상에 사는 생물군 중 가장 많은 종류를 자랑하는 곤충에 관한 기초 지식을 살펴보자.

곤충의 등장 : 고생대 실루리아기(약 4억 년 이상 전)

고생대	실루리아기	약 4억4370만 년 전~	곤충이 등장함. 머리-가슴-배의 세 부분으로 나뉘는 분화가 시작됨. 아직 날개는 없었음.
	데본기	약 4억1600만 년 전~	먹이를 씹는 기관이 머리 안에 있는 종류의 곤충 화석이 발견됨.
	석탄기	약 3억5900만 년 전~	날개를 가진 곤충이 등장함. 잠자리나 바퀴벌레의 선조에 해당하는 곤충들도 등장함.
	페름기	약 2억9900만 년 전~	많은 종류의 곤충들이 멸종되었지만, 딱정벌레목 등 새로운 종류의 곤충이 등장함.
중생대	트라이아스기	약 2억5100만 년~	식물의 진화에 따라 파리와 벌이 출현함.
	쥐라기	약 2억 년 전~	조류와 포유류의 진화에 따라 이 생물들에 기생하는 벼룩목 등의 곤충이 등장함.

※곤충이 탄생한 것은 실루리아기가 아닌 데본기라는 학설도 있다.

곤충은 절지동물에 포함됨

절지동물은 등뼈가 없는 무척추동물 중 몸이 딱딱한 외골격으로 싸여 있고 몸과 다리에 마디가 있는 동물 무리를 일컫는다. 현재 존재하는 절지동물은 크게 네 종류로 나뉘는데 그 중 하나가 '곤충'이다.

협각류
머리에 집게 모양의 협각(※135쪽의 '용어집' 참조)을 지니는 대신 더듬이가 없다.
■ 거미, 전갈, 진드기 등

갑각류
주로 물속에서 살며, 머리에는 더듬이가 두 쌍(4가닥) 있다.
■ 바다가재, 게, 새우 등

다지류
머리에 더듬이가 한 쌍(2가닥) 있으며, 몸은 머리와 몸통으로 나뉜다.
■ 지네, 노래기 등

곤충류
몸이 머리, 가슴, 배로 나뉜다. 가슴에는 다리가 세 쌍(6개), 머리에는 더듬이가 한 쌍(2가닥) 있다.
■ 사슴벌레, 개미, 벌 등

곤충의 몸

곤충의 몸은 머리-가슴-배의 세 부분으로 나뉜다. 대부분의 곤충은 머리에 있는 더듬이로 공기의 움직임, 열, 소리 등을 인식할 수 있다. 곤충의 눈(겹눈)은 사람 눈보다 해상도(이미지의 정밀도를 나타내는 지표)가 낮다. 예를 들어, 사마귀의 시력을 사람의 시력으로 치면 0.03 정도라고 추정된다. 그러나 곤충 중에는 사람이 느낄 수 없는 형광등의 깜박임이나 자외선 파장을 볼 수 있는 능력을 갖추고 있는 것들도 있다. 일반적으로 곤충의 가슴에는 다리가 세 쌍, 날개가 두 쌍 있는데, 날개가 퇴화하여 사라진 곤충도 있다. 그리고 곤충의 배에는 생식기가 있다.

날개가 있는 곤충의 기본적인 몸 구조

수마트라 왕넓적사슴벌레
딱정벌레목의 앞날개는 딱딱해서 날갯짓을 할 수 없다. 대신, 날 때 몸을 띄우는 중요한 역할을 한다.

총알개미
일반적으로 개미는 날개가 없다고 오해하기 쉽다. 그러나 흔히 볼 수 있는 일개미만 날개가 없고, 여왕개미나 번식하는 수개미는 날개가 있다.

● 이 책의 목적은 곤충을 서로 싸우게 하는 것이 아니라 대결을 통해 곤충의 성질과 특징을 알고, 곤충에게 어떠한 능력이 있는지를 소개하려는 것입니다.

● 이 책에 수록된 곤충 간의 배틀 씬은 실제로 싸운 모습을 그린 것이 아닙니다. 각 곤충의 능력을 고려하여 가상 대결을 벌인 것이기에 대결 결과는 상황에 따라서 바뀔 수도 있습니다.

● 랭킹 페이지에 나온 각 곤충의 순위는 편집부가 독자적으로 판단해 매긴 것입니다.

1회전-1
크고 긴 집게 턱

기라파 톱사슴벌레

- 분류 ·············· 딱정벌레목 사슴벌레과 톱사슴벌레속
- 서식지 ············ 동남아시아 열대 지역
- 식성 ·············· 나무 수액 등
- 몸길이 ············ 35~120mm

상대를 압도하는 몸집과 턱

기라파 톱사슴벌레는 세상에서 가장 몸집이 큰 사슴벌레다. 이름에 들어가 있는 "기라파"는 '기린'이라는 의미를 가진 라틴어로, 이름에서 알 수 있듯이 기린의 목처럼 긴 턱(집게 같은 부분)을 가지고 있다. 이처럼 큰 몸집과 긴 턱을 활용한 공격은 상대를 압도하기에 충분하다.

 길고 커다란 턱

기라파 톱사슴벌레는 길고 완만하게 휘어진 커다란 턱을 가진다. 몸집만큼 긴 턱이 강력한 무기다.

 턱 안쪽에 난 예리한 톱날

기라파 톱사슴벌레의 길고 큰 턱의 안쪽에는 날카로운 가시돌기가 많이 나 있어서 매우 위협적이다.

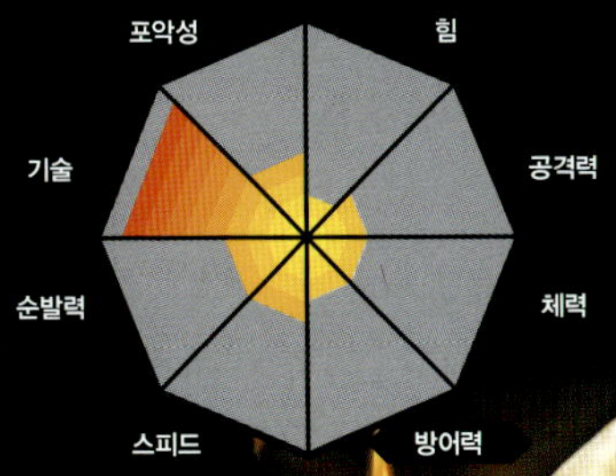

곤충계의 도깨비불
포투리스 반딧불이

- **분류** ·········· 딱정벌레목 방아벌레아목 반딧불이과 포투리스속
- **서식지** ········ 북아메리카
- **식성** ·········· 작은 곤충 등
- **몸길이** ········ 15~50mm

반딧불이를 잡아먹는 식성

포투리스 반딧불이는 북아메리카에 서식하는 반딧불이의 한 종이다. 보통 반딧불이는 배에 있는 발광기로 빛을 발산하여 상대를 위협하기도 하고 짝짓기를 위한 구애 신호로도 사용한다. 그런데 포투리스 반딧불이는 다른 종류의 반딧불이 암컷과 비슷한 구애 신호를 보내고, 이에 속아서 다가온 수컷을 붙잡아 먹어치운다. 비록 몸집은 작지만 아주 위험한 사냥꾼이다.

 빛을 발하는 발광기

다른 반딧불이와 마찬가지로 아랫배에 빛을 발산하는 발광기가 있다. 포투리스 반딧불이는 이 발광기를 사용해서 여러 반딧불이 종류의 불빛을 낼 수 있다.

 독을 품는 몸

포투리스 반딧불이는 독을 지닌 포티누스 반딧불이를 잡아먹고 독을 자기 몸 안에 품는다. 그 독은 포투리스 반딧불이를 먹은 파충류가 죽을 만큼 강력하다.

기라파 톱사슴벌레의 단단한 등딱지!

배틀 씬 2
등을 깨무는 공격!

포투리스 반딧불이가 기라파 톱사슴벌레의 뒤로 날아 돌아가 등을 깨물었다. 하지만 포투리스 반딧불이의 턱은 기라파 톱사슴벌레의 단단한 등딱지를 뚫지 못해 큰 타격을 주지 못했다.

LOCK ON!!

깨물기 공격
반딧불이 중에서 강한 턱 힘을 자랑하는 포투리스 반딧불이의 깨물기 공격이지만 기라파 톱사슴벌레에게는 통하지 않았다.

배틀 씬 3
강력한 조르기 공격!

포투리스 반딧불이의 공격에서 빠져나온 기라파 톱사슴벌레는 길고 큰 턱으로 상대방의 몸통을 물고 들어 올렸다. 기라파 톱사슴벌레의 강력한 턱에 몸통이 조인 포투리스 반딧불이는 아무것도 할 수 없었다.

기라파 톱사슴벌레의 승리!

1회전-2

위장술에 능한 습격자
드래곤 사마귀

- 분류 ············ 사마귀목 사마귓과
- 서식지 ·········· 동남아시아
- 식성 ············ 곤충, 파충류 등
- 몸길이 ·········· 70~200mm

크기 비교

나뭇가지로 위장해 적을 기습

세상에서 가장 큰 사마귀로, 몸길이가 200mm까지 성장하기도 한다. 마른 나뭇가지처럼 보이는 밝은 갈색의 기다란 몸통이 특징으로, 보통은 나무에 나뭇가지처럼 매달려 있다가 곤충이나 작은 파충류가 다가오면 사로잡아서 먹는다. 긴 앞다리로 휘두르는 일격은 상당히 강력하지만, 드래곤 사마귀의 껍질은 부드러운 편이어서 방어력이 높지는 않다. 따라서 반격 기회를 주지 않고 상대방을 제압하는 것이 가장 중요하다.

1 나뭇가지처럼 가늘고 긴 몸

몸길이가 200mm까지도 성장한다고 알려진 드래곤 사마귀의 거대한 몸집은 대다수 곤충에게 위협적이다.

2 길고 강한 앞다리 공격

드래곤 사마귀는 몸통뿐 아니라 다리도 상당히 길다. 파충류 등을 붙잡아 먹기도 하므로 다리 힘 또한 상당히 강하다고 할 수 있다.

그림자 속의 암살자
낙타거미

- ● 분류 ············ 거미강 피일목
- ● 서식지 ········· 세계 각지의 열대 지방, 아열대 지방
- ● 식성 ············ 작은 곤충 등
- ● 몸길이 ········· 100~150mm

민첩한 기습 공격

햇빛을 피하여 그늘에 몰려드는 습성이 있는 거미로, 낙타의 그림자를 따라다닌다고 해서 '낙타거미'로 불린다. 굉장히 재빨라서 자전거가 달리는 정도의 속도로 이동할 수 있다. 어두컴컴한 암흑 속에서 먹잇감에 잽싸게 다가가 턱에 있는 거대한 협각(※135쪽 '용어집' 참조)으로 먹이를 잘게 찢은 다음 먹는 모습은 곤충계의 암살자로 부르기에 손색이 없다!

1 거대한 협각
모든 낙타거미는 몸 크기의 1/3 정도 되는 협각을 가진다. 만약 10cm 정도 크기의 낙타거미라면 협각의 크기는 3cm 정도다.

2 포악한 성질
낙타거미는 성질이 매우 포악해서 다 큰 성충은 작은 뱀이나 새에게도 달려들어 잡아먹는다고 한다.

021

1회전-3
저돌적인 싸움꾼
대왕귀뚜라미

- 분류 ·········· 메뚜기목 여치아목 어리여치상과
- 서식지 ········· 인도네시아
- 식성 ·········· 곤충, 파충류 등
- 몸길이 ········· 60~100mm

크기 비교

호전적인 육식성 귀뚜라미

대왕귀뚜라미(리옥크)는 인도네시아에 서식하는 초대형 귀뚜라미다. 큰 몸 크기 때문에 현지에서는 "도깨비 귀뚜라미"로 통하며, 수컷보다 암컷의 몸이 훨씬 크다. 완전한 육식성으로, 식욕이 왕성하다. 매우 호전적이어서 독을 가진 말벌이나 재빠른 낙타거미와 같은 곤충도 무서워하지 않으며, 자기보다 큰 곤충에게도 싸움을 걸어서 잡아먹는다.

1 강력한 턱 힘
대왕귀뚜라미는 강력한 턱을 가지고 있다. 이 강한 턱을 이용해 메뚜기나 사마귀와 같이 껍질이 부드러운 곤충을 아작아작 씹어 먹는다.

2 멈출 줄 모르는 식욕
대왕귀뚜라미는 식욕이 왕성한 곤충으로 알려져 있다. 특히 암컷들은 엄청난 식탐을 자랑하는데, 다른 곤충뿐만 아니라 같은 대왕귀뚜라미 수컷도 잡아먹는다.

매서운 낫이 달린 앞발
사마귀붙이

- **분류** ········· 풀잠자리목 사마귀붙이과
- **서식지** ······· 세계 각지의 열대 지방, 아열대지방
- **식성** ········· 작은 곤충, 꿀 등
- **몸길이** ········ 15~35mm

포악성 / 힘 / 공격력 / 체력 / 방어력 / 스피드 / 순발력 / 기술

낫처럼 생긴 앞발로 먹이 포획

이름과 생김새가 사마귀 비슷하지만, 사마귀붙이는 풀잠자리의 일종이다. 상반신은 사마귀, 하반신은 잠자리를 닮은 신기한 모양새로, 몸 색깔도 빨간색, 초록색 등 다양하고 심지어는 말벌 무늬인 것도 있다. 사마귀처럼 앞발에 달린 낫으로 작은 곤충을 잡는다. 몸은 크지 않지만, 얕볼 수 없는 전투력을 가진 곤충이다.

매서운 낫 모양의 앞발
평소에는 깔끔하게 접혀 있지만 실제로 사마귀붙이의 앞발을 펴보면 상당히 길다. 이 긴 앞발에 꽉 붙잡히면 빠져나가기 어렵다.

말벌처럼 보이는 줄무늬
말벌처럼 보이는 얼룩덜룩한 줄무늬를 가진 사마귀붙이도 있다. 말벌과 비슷한 모양새를 함으로써 적으로부터 몸을 지키기 쉽다.

1회전-4
하늘을 뒤덮는 그림자
사막메뚜기

- 포악성
- 힘
- 기술
- 공격력
- 순발력
- 체력
- 스피드
- 방어력

크기 비교

- **분류** ······· 메뚜기목 메뚜기아목 메뚜깃과
- **서식지** ····· 중동, 아프리카의 건조 지역
- **식성** ······· 온갖 종류의 식물
- **몸길이** ····· 35~65mm

재앙으로 여겨지는 메뚜기

건조한 지역에 서식하며 꽃, 풀, 농작물 등 모든 식물을 닥치는 대로 먹어치우는 메뚜기다. 보통은 몸 색깔이 초록색이고 다리가 길지만, 먹이가 부족해지면 몸 색깔이 검은색으로 변하고 다리가 짧아지며 날개가 길어진다. 몸이 초록색일 때는 혼자서 생활을 하지만, 몸이 검게 변하면 무리 지어 다니면서 농작물을 닥치는 대로 먹어치우기 때문에 중동이나 아프리카 등지에서는 사막메뚜기 떼를 크나큰 재앙으로 여긴다.

① 놀라운 점프력
다리 힘이 매우 좋다. 만약 평균적인 성인 남자와 같은 크기라면 한 번의 점프로 9층 높이 빌딩을 가볍게 넘을 수 있다.

② 끝을 모르는 식욕
하루 만에 자기 몸무게 정도의 풀이나 작물을 먹어치운다. 이런 메뚜기들이 수십억 마리씩 떼를 지어 다니면서 먹이를 먹어치우므로 그 피해가 대단히 크다.

거대한 벌떼 군단의 대장군
장수말벌

- 분류 ········ 벌목 말벌과 말벌아과 말벌속
- 서식지 ······ 아시아 곳곳
- 식성 ········ 나무 수액, 꿀 등(애벌레일 때는 육식성)
- 몸길이 ······ 25~40mm

독침과 강한 턱

한국에서도 볼 수 있는 장수말벌은 몸 안에서 강한 독을 만들 수가 있고, 꼬리 부분에는 독을 주입할 수 있는 날카로운 독침이 있다. 큰 턱으로 무는 힘이 무척 강해서 애벌레의 먹이가 되는 곤충을 물어 으깬 후에 떡처럼 만들어 벌집으로 가지고 간다. 공격적인데다가, 강한 독침과 큰 턱을 가지고 있으므로 장수말벌과 마주치면 무조건 도망쳐야 한다!

 말벌의 독침

말벌의 독침을 통해 주입되는 많은 양의 독은 곤충 또는 동물의 혈압을 떨어뜨리거나 몸의 조직을 파괴할 수 있다.

 엄청난 비행 거리

장수말벌은 시속 40km 이상의 속도로 하루에 약 100km 넘게 날아갈 수 있다. 한번 표적이 되면 쉽사리 도망칠 수 없다!

1회전-4

대결 장소 공중 / 사막

벌떼 군단을 이끌고 싸우는 장수말벌과 수천만 마리가 무리 지어 다니며 주변의 모든 것을 먹어치우는 사막메뚜기의 대결이다. 일대일로 싸우면 누가 이길까?

배틀 씬 1
하늘로부터의 습격

하늘을 날며 공격 기회를 살피던 장수말벌이 땅에 있는 사막메뚜기를 향해 빠른 속도로 내려가 습격을 시도했다. 사막메뚜기는 간발의 차로 뛰어올라 상대의 습격을 피했다.

점프해서 습격을 피했다!

LOCK ON!!!

놀라운 점프력
메뚜기는 매우 높이 뛸 수 있을 뿐 아니라 자기 몸길이의 20~30배가 넘는 아주 먼 거리도 뛸 수 있다.

칼럼 ①

특별한 무기를 가진 곤충들

힘이 센 턱이나 딱딱한 딱지 등 곤충들은 다양한 무기를 가지고 있다. 여기에서는 매우 재미있는 무기를 가진 여러 곤충에 대해 알아보자.

폭탄먼지벌레

생명에 위협을 느끼면 엉덩이 끝에서 100도에 달하는 고온 가스를 내뿜는다. 그 위력은 먼지벌레를 잡아먹으려고 하는 개구리에게 화상을 입혀 도망가게 할 정도다.

- ■ 분류   딱정벌레목 딱정벌렛과
- ■ 서식지 한국, 일본, 중국 등 폭넓게 분포
- ■ 식성   작은 곤충 등
- ■ 몸길이 25~35mm

고온 가스 뿜기

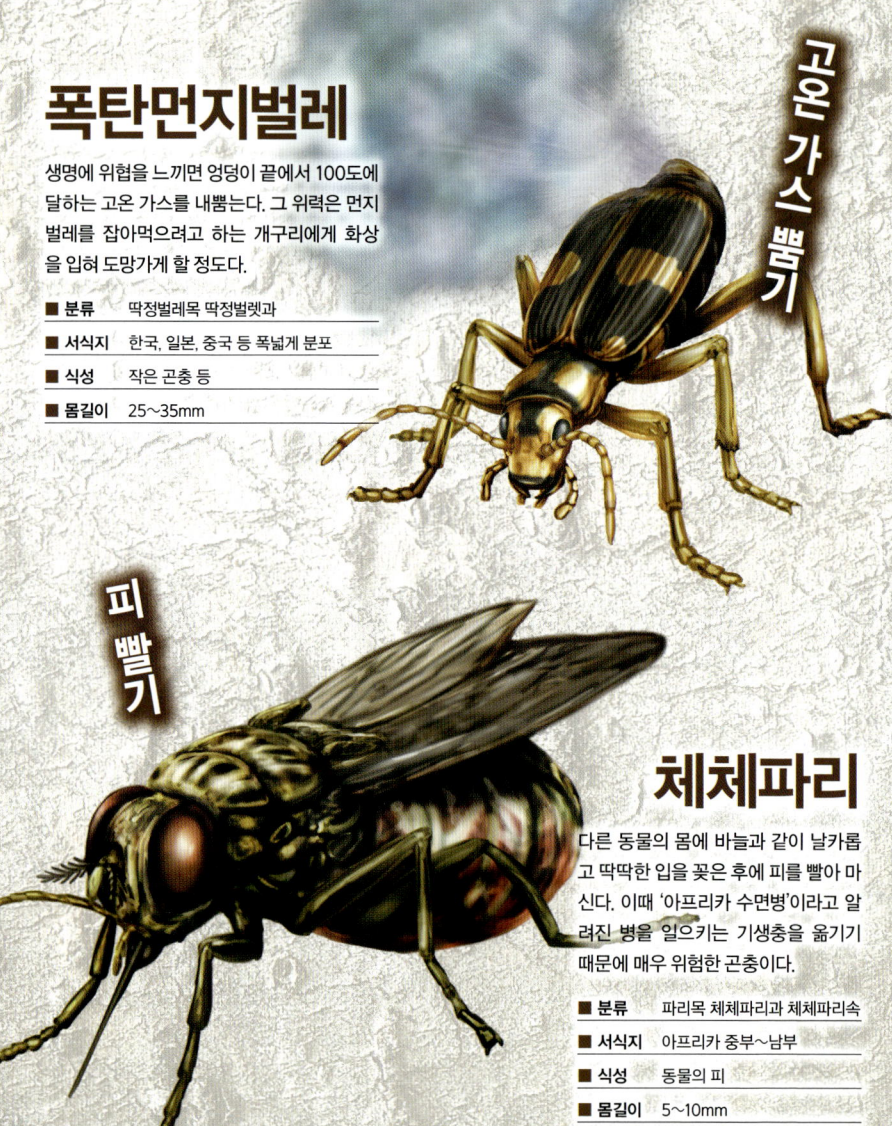

피 빨기

체체파리

다른 동물의 몸에 바늘과 같이 날카롭고 딱딱한 입을 꽂은 후에 피를 빨아 마신다. 이때 '아프리카 수면병'이라고 알려진 병을 일으키는 기생충을 옮기기 때문에 매우 위험한 곤충이다.

- ■ 분류   파리목 체체파리과 체체파리속
- ■ 서식지 아프리카 중부~남부
- ■ 식성   동물의 피
- ■ 몸길이 5~10mm

베네수엘라 산누에나방(애벌레)

애벌레의 몸 전체가 맹독을 가진 가시로 뒤덮여 있다. 사람이 이 가시에 찔리면 출혈이 멈추지 않으며, 심한 경우 사망에 이르기도 한다.

- **분류** 나비목 산누에나방과
- **서식지** 중앙아메리카~남아메리카
- **식성** 식물의 잎
- **몸길이** 45~55mm

강력한 독

거북개미

머리 윗부분이 평평하여 마치 방패를 쓴 것 같은 모습을 하고 있다. 나무줄기나 가지에 개미집을 짓고 서식하며, 외부로부터 적이 침입하지 못하도록 개미집 입구를 넓은 머리로 막았다 열었다 한다.

- **분류** 벌목 개밋과
- **서식지** 북아메리카 남부~남아메리카
- **식성** 밝혀지지 않음
- **몸길이** 약 4mm

단단한 방패

자폭개미

강한 적에게 습격을 당하면 배를 폭발시켜 끈끈한 점액을 흩뿌린다. 배를 폭발시킨 개미는 죽지만, 상대방도 점액을 맞아 움직일 수 없게 된다. 또한 점액 냄새가 퍼져 주변에 있는 다른 동료 개미가 위험을 알아챈다.

- **분류** 벌목 개밋과
- **서식지** 말레이시아, 브루나이
- **식성** 밝혀지지 않음
- **몸길이** 약 5mm

자폭

033

1회전-5
곤충계의 돌격병
파리매

- 포악성
- 힘
- 기술
- 공격력
- 순발력
- 체력
- 스피드
- 방어력

크기 비교

- 분류 ········· 파리목 파리맷과
- 서식지 ········· 한국, 일본 등
- 식성 ········· 작은 곤충 등
- 몸길이 ········· 20~30mm

기습해서 먹이를 사냥

말벌의 날카로운 침과 같은 무기는 없지만, 곤충계에서 알아주는 사냥꾼이다. 먹이를 사냥할 때에는 주변이 잘 보이는 나뭇가지에 매달려 주위를 세심하게 관찰하다가, 먹이가 지나가면 뒤에서 맹렬한 속도로 돌격해 날카로운 구기(주삿바늘처럼 생긴 관)를 먹이의 몸에 꽂아 그 체액을 빨아먹는다. 매우 단순한 전법이지만 이 방법으로 장수말벌이나 장수잠자리처럼 자기보다 몸집이 큰 곤충도 사냥하곤 한다.

1 딱딱하고 뾰족한 구기

파리매가 먹이의 체액을 빨 때 사용하는 구기는 매우 딱딱하고 두꺼우면서 그 끝이 뾰족하다.

2 곤충계의 최고 비행 속도

날아다닐 때의 최고 속도는 시속 145km로, 곤충계에서 가장 빠르다. 파리매의 기습 돌격은 이처럼 빠른 속도로 이루어지기 때문에 매우 위협적이다.

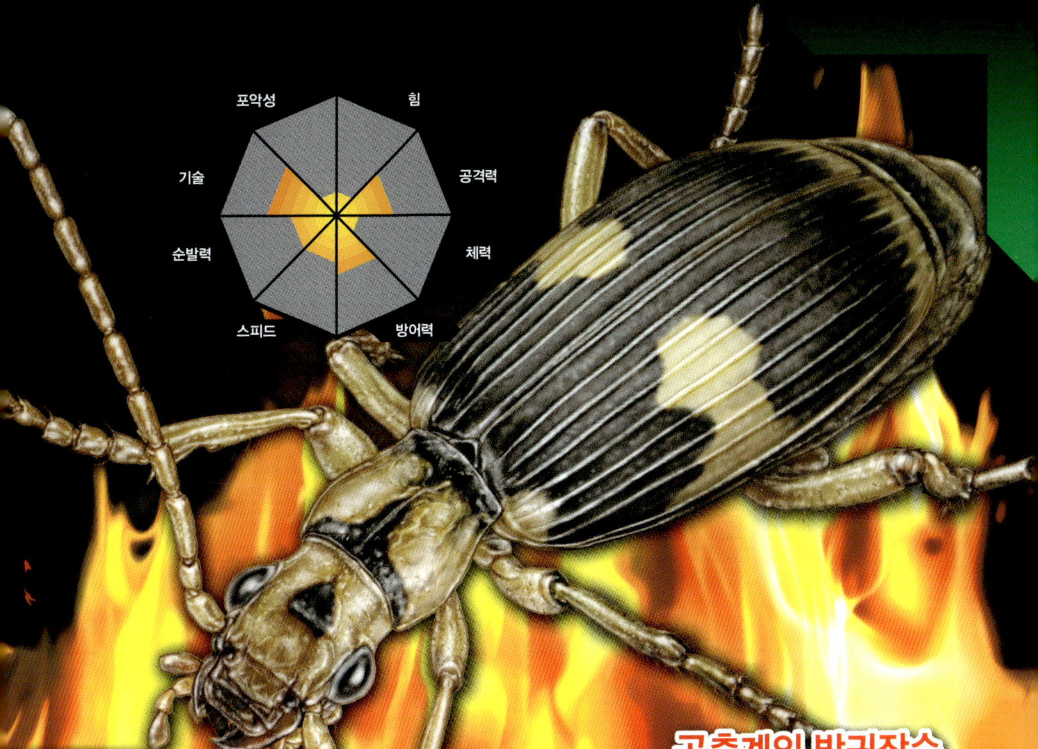

곤충계의 방귀장수
폭탄먼지벌레

- 분류 ········· 딱정벌레목 딱정벌렛과
- 서식지 ······ 한국, 중국, 일본 등 폭넓게 분포
- 식성 ········· 작은 곤충 등
- 몸길이 ······ 25~35mm

방귀로 적을 격퇴

폭탄먼지벌레는 적에게 습격당하거나 외부에서 몸에 자극이 가해지면 '훗' 소리와 함께 꽁무니에서 방귀와 같은 가스를 발사하기 때문에 "방귀벌레"라고도 불린다. 발사된 가스는 역한 냄새가 나고 뜨거워서 방귀에 맞은 상대는 깜짝 놀라 도망가게 된다. 동물계에서 방귀로 유명한 스컹크는 한 번 방귀를 뿜은 후에는 한동안 발사할 수 없지만, 폭탄먼지벌레는 짧은 간격으로 연이어 가스를 발사할 수 있기에 더욱 위협적이다.

 전후좌우로 움직이는 분사구

배의 끝부분에 있는 가스 분사구는 전후좌우 모든 방면과 각도로 향할 수 있다. 즉, 어떤 상황에서도 적을 향해 가스를 뿜을 수 있는 것이다.

 뜨거운 고온 가스

폭탄먼지벌레가 내뿜는 가스 온도는 100도 이상이어서 곤충이나 작은 파충류에게 화상을 입힐 수 있다.

1회전-5

대결 장소 숲

곤충계에서 가장 빠르게 나는 파리매를 폭탄먼지벌레가 뜨거운 가스로 쏘아 떨어뜨릴 수 있을지 지켜보자.

배틀 씬 1

공격 기회를 노리는 신중한 움직임

파리매는 하늘을 빠르게 날며 공격 기회를 살피고, 폭탄먼지벌레는 나뭇잎의 그림자에 들어가 하늘에 있는 파리매로부터 몸을 숨기고 공격할 기회를 노린다.

화려한 몸 색깔
대부분의 먼지벌레는 그림자에 검은 몸을 숨길 수 있지만, 폭탄먼지벌레는 몸 색깔이 화려해서 그림자에 몸을 숨겨도 쉽게 발견된다.

그림자에 몸을 숨긴다

배틀 씬 2
위협적인 기습과 역습

하늘에서 쏜살같이 내려온 파리매가 폭탄먼지벌레를 덮치려는 순간, 폭탄먼지벌레의 뜨거운 가스가 발사되었다! 폭탄먼지벌레가 파리매를 역습한 것이다. 파리매가 민첩하게 피하여 뜨거운 가스를 직접 쐬는 것은 피했지만 위험천만한 상황이었다.

가스의 위력
폭탄먼지벌레의 뜨거운 가스는 높은 압력으로 분출되기 때문에 가스에 맞으면 매우 위험하다.

배틀 씬 3
빈틈을 노린 빠른 공격

폭탄먼지벌레가 가스를 뿜은 후 다음 가스를 뿜기까지 걸리는 짧은 틈을 놓치지 않고 파리매가 다시 기습한다. 상대의 뒤로 날아 돌아가 폭탄먼지벌레의 가슴과 배 사이를 뾰족한 구기로 찌르고 체액을 빨아서 빠르게 승부를 결정지었다!

파리매의 승리!

1회전-6

세상에서 가장 큰 거미
골리앗 버드이터

- 포악성
- 힘
- 기술
- 공격력
- 순발력
- 체력
- 스피드
- 방어력

- 분류 ········· 거미목 테라포사속
- 서식지 ········· 남아메리카
- 식성 ········· 곤충, 작은 동물 등
- 몸길이 ········· 100~120mm

크기 비교

새도 잡아먹는 거대함

골리앗 버드이터는 세상에서 가장 큰 거미다. 구약성경에 등장하는 거인 '골리앗'에서 유래한 이름으로, 쥐나 도마뱀은 물론 조류도 잡아먹을 수 있어서 골리앗 버드이터라고 불린다. 성질이 매우 공격적으로, 커다란 턱과 온몸에 나 있는 털로 먹이를 사냥한다. 일반적인 곤충은 상대조차 할 수 없는 위험한 곤충이다.

 강력한 깨물기 공격

큰 몸만큼이나 협각도 상당히 크다. 다른 거미와 비교하면 깨무는 힘도 매우 세기 때문에 사람도 물리면 상처를 입을 만큼 위험하다.

 독성을 지닌 털

골리앗 버드이터의 온몸에는 독성을 지닌 털이 나 있다. 털을 사방으로 날려서 적이 접근하지 못하게 한다.

타란툴라 거미의 천적
타란툴라 사냥벌

- 분류 ·············· 벌목 말벌상과 대모벌과
- 서식지 ············ 미국
- 식성 ·············· 꿀 등(애벌레일 때는 육식성)
- 몸길이 ············ 약 60mm

커다란 벌침 한 방으로 제압

몸집이 매우 큰 독거미인 타란툴라 거미의 천적으로, "타란툴라 호크"라고도 불린다. 땅속에 집을 짓고 사는 타란툴라 거미를 거미집에서 끌고 나와 몸을 마비시키는 강력한 독을 지닌 침으로 찔러서 제압한다. 타란툴라 거미도 거세게 저항하지만, 타란툴라 사냥벌의 승률은 100%에 가깝다. 제압한 타란툴라 거미를 벌집으로 끌고 가 몸 위에 알을 낳고, 태어난 애벌레는 이 타란툴라 거미를 먹는다. 그러나 타란툴라 사냥벌 성충은 꽃의 꿀을 먹고 산다.

1 매우 큰 벌침
세상에서 가장 큰 벌로 알려진 타란툴라 사냥벌은 독침도 상당히 큰 편이다. 그 벌침에 찔리면 몸을 가누기 힘들 정도의 통증이 몰려온다.

2 크고 강한 턱
타란툴라 사냥벌의 턱 힘은 매우 강해서 큰 타란툴라 거미를 입에 물고 수십 미터 거리까지 운반할 수 있다.

1회전-7

세상에서 가장 큰 지네
페루비안 자이언트 지네

- 분류 ······ 왕지네목 왕지넷과
- 서식지 ······ 남아메리카
- 식성 ······ 작은 동물
- 몸길이 ······ 200~400mm

크기 비교

큰 몸과 포악한 성질

남아메리카 열대우림에 서식하는 세상에서 가장 큰 지네다. 성질이 매우 포악하여 상대를 가리지 않고 공격하며 곤충류, 파충류, 조류, 포유류 등 모든 동물을 먹잇감으로 삼는다.

1 사냥할 때 쓰는 독
페루비안 자이언트 지네는 사냥할 때 독을 이용한다. 독의 성분은 명확하게 밝혀지지 않았지만, 사람도 물리면 매우 큰 고통을 느낄 정도라고 알려져 있다.

2 빠른 기동력
몸 좌우로 긴 다리가 많이 나 있어서 빨리 이동할 수 있다. 먹잇감을 찾아 빠르게 이동하며 벽이나 나무도 탈 수 있다.

세상에서 가장 큰 잠자리
프루스토르페리 대왕뱀잠자리

- **분류** ······ 뱀잠자리목 뱀잠자리과
- **서식지** ······ 중국 등
- **식성** ······ 나무 수액 등(애벌레일 때는 육식성)
- **몸길이** ······ 약 140mm

강력한 턱 힘과 큰 몸

프루스토르페리 대왕뱀잠자리는 머리에 있는 집게처럼 생긴 커다란 턱으로 먹이를 세게 깨물 수 있다. 큰 가위 모양의 턱과 큰 몸 때문에 육식성이라고 생각하기 쉽지만, 성충은 나무 수액을 먹고 살며 다른 곤충을 이유 없이 공격하지 않는 초식성 곤충이다. 그러나 애벌레일 때는 육식성이다.

 집게 모양의 큰 턱

단단한 머리에 집게 모양의 위협적인 턱이 있다. 프루스토르페리 대왕뱀잠자리에게 물리면 사람도 상처를 입을 수 있다.

 커다란 우윳빛 날개

등에 큰 날개가 있어서 하늘을 자유로이 날아다닐 수 있다. 하지만 일반적인 잠자리처럼 빠르지는 않다.

043

긴 몸으로 감아 조르기!

배틀 씬 2
깨물기 공격 vs 조르기 공격

페루비안 자이언트 지네는 선제공격을 당했지만 당황하지 않고 곧바로 윗몸을 뒤집어서 상대의 몸을 많은 다리로 잡고 조르기 시작했다. 프루스토르페리 대왕뱀잠자리도 조르기 공격을 피하지 않고 더욱 힘껏 깨문다. 어느 쪽도 밀리지 않는 힘겨루기가 시작되었다.

LOCK ON!!!

배틀 씬 3
지친 상대를 독니로 공격

공격이 계속되면서 프루스토르페리 대왕뱀잠자리는 지치기 시작했다. 체력에서 앞선 페루비안 자이언트 지네가 지친 상대를 깨물고 몸에 독을 주입했다. 몸에 독이 퍼진 프루스토르페리 대왕뱀잠자리는 결국 움직이지 못하게 되었다.

사나운 성질
페루비안 자이언트 지네는 대단히 사나워서 자신을 건드린 상대를 반드시 공격한다.

페루비안 자이언트 지네의 승리!

1회전-8

곤충계의 화학병기
자귀나무허리노린재

- 포악성
- 힘
- 기술
- 공격력
- 순발력
- 체력
- 스피드
- 방어력

- **분류** .... 노린재목 허리노린재상과 허리노린잿과
- **서식지** ...... 한국, 중국, 일본 등
- **식성** .... 나뭇잎, 나무 수액 등
- **몸길이** ...... 20~25mm

크기 비교

어떠한 적도 물리치는 악취

자귀나무허리노린재는 노린재의 일종으로, 흔히 노린재라고 하면 동글동글한 몸을 떠올리지만 이 노린재는 날씬한 몸에 어두운 갈색 날개를 가진다. 일반적인 노린재처럼 몸에 자극이 가해지거나 적이 접근하면 배에 있는 냄새샘(독한 냄새를 풍기는 액체를 분비하는 기관)에서 분비액을 내뿜는다. 분비액의 냄새는 일반적인 노린재의 것보다 더 지독해서 새나 개구리같이 큰 동물도 도망갈 정도다.

1 강력한 악취
외부에서 자극을 받거나 적이 접근하면 몸통과 다리 연결 부위에 있는 냄새샘에서 심한 악취가 나는 분비액을 내뿜어 적을 도망가게 한다.

2 좋은 냄새를 풍기는 노린재?
자귀나무허리노린재뿐 아니라 일반적인 노린재는 참기 힘든 악취를 내뿜는다. 그러나 노린재 중 노랑배허리노린재의 냄새는 사과향을 풍기기 때문에 그 분비액은 향수 원료로 쓰이기도 한다.

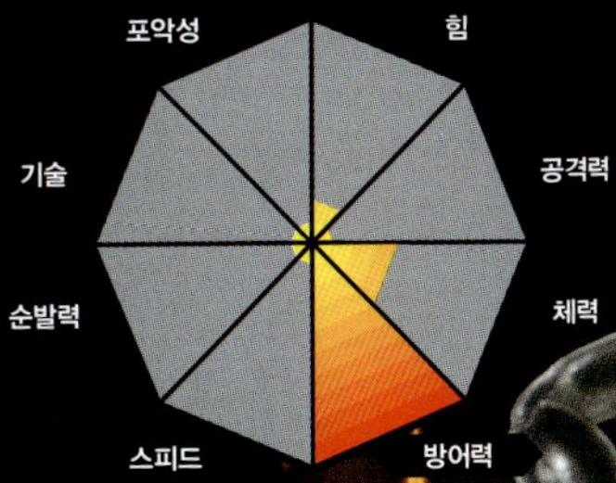

검은 갑옷을 두른 전사
검정딱지바구미

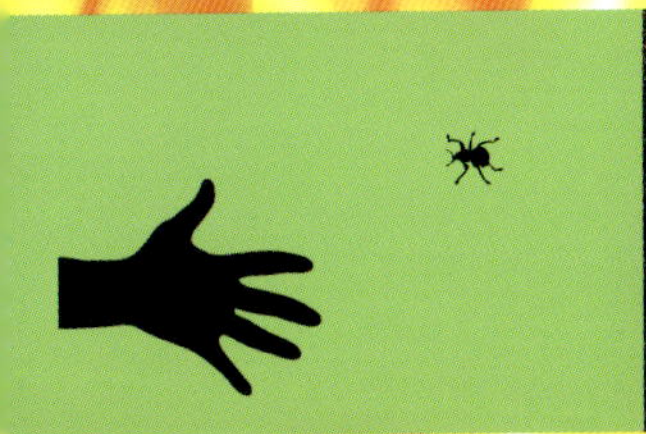

- **분류** ……………… 딱정벌레목 왕바구미과 왕바구미속
- **서식지** …………… 한국, 중국, 일본, 동남아시아 등
- **식성** ……………… 나뭇잎
- **몸길이** …………… 10~15mm

곤충계 최고의 방어력

몸 전체가 까맣고 조롱박 모양이다. 외골격이 워낙 단단하여 곤충계에서 최고의 방어력을 자랑한다. 얼마나 단단한지 "곤충표본을 만들려고 바늘로 찔렀는데 너무 딱딱해서 뚫을 수 없었다"든가 "새에 잡아먹혀도 소화되지 않고 살아서 똥이랑 나왔다" 등의 이야기를 종종 들을 수 있다. 검정딱지바구미의 방어를 뚫을 수 있는 곤충이 과연 있을까?

 탁월하게 단단한 외골격

비행 능력이 퇴화한 대신, 검정딱지바구미는 아주 단단한 외골격을 얻게 되었다. 너무나도 단단해서 이 외골격을 뚫을 수 있는 곤충이 없다고 한다.

 보기보다 빠른 발

검정딱지바구미는 개미처럼 빠르게 움직일 수 있다. 높은 방어력과 기동력이 중요한 근접전에서 큰 힘을 발휘한다.

시범경기 1

물방개(애벌레)
VS
막시무스 물장군

물속에 사는 가장 강한 곤충을 결정짓는 세기의 대결이다. 상대를 발견한 두 곤충은 맹렬하게 돌진하여 거의 동시에 서로를 공격했다. 물방개 애벌레는 큰 턱으로 상대를 물었고, 막시무스 물장군은 낫처럼 생긴 날카로운 앞발로 상대를 잡은 후에 구기로 찔렀다. 그러나 움직이지 못하게 된 쪽은 막시무스 물장군이다. 막시무스 물장군은 앞발로 물방개 애벌레를 잡느라 상대보다 늦게 구기로 소화액을 넣은 반면, 물방개 애벌레는 물자마자 상대의 몸에 독과 소화액을 주입해서 그것이 먼저 상대의 몸 안에 퍼진 것이다.

크기 비교

독액을 사용하는 포식자

물방개(애벌레)

- 분류 …………… 딱정벌레목 물방개과 물방개속
- 서식지 ………… 한국, 중국, 시베리아 등
- 식성 …………… 물에 사는 곤충, 미꾸라지, 송사리 등
- 몸길이 ………… 60~80mm

물방개는 애벌레일 때나 성충일 때나 모두 육식성으로, 애벌레가 성충보다 공격 능력이 높다(이번 대결에는 애벌레가 출전). 물방개 애벌레의 커다란 턱에는 주삿바늘 같은 관이 있어서 먹이를 턱으로 문 후 마비시키는 독과 소화액을 먹이의 몸 안에 넣는다. 그런 다음 소화액 때문에 액체처럼 녹은 상대의 내장 등을 먹는다. 그 독은 사람도 심한 고통을 느낄 만큼 강력하다.

물장군은 물에 사는 가장 강한 곤충 중 하나로 평가된다. 그중에서도 가장 큰 몸집을 자랑하는 막시무스 물장군이 이번 대결에 출전했다. 막시무스 물장군은 낫처럼 생긴 앞다리로 먹이를 붙잡고, 침처럼 생긴 구기를 몸에 찔러 넣어 소화액을 먹이의 몸 안에 주입한 뒤 체액을 빨아먹는다. 성질이 난폭하다고 알려져 있으며, 거북이나 쥐 등을 잡아먹은 사례도 보고되었다.

물속의 대장군
막시무스 물장군

- 분류 ········· 노린재목 물장군과
- 서식지 ········ 남아메리카
- 식성 ········· 물에 사는 곤충, 물고기, 개구리 등
- 몸길이 ········ 100~120mm

크기 비교

물속에 사는 가장 강한 곤충은 누구인가?

물방개(애벌레)의 승리

칼럼 2
특별한 능력을 갖춘 곤충들

곤충들은 사는 지역에 적응하거나 먹이를 사냥하기 위해 다양한 능력을 지니게 되었다. 그런 곤충 중에서도 개성 만점인 특기를 지닌 곤충들을 만나보자.

난초사마귀

난초 꽃과 비슷한 모습과 색으로 곤충을 유인해서 잡아먹는다. 애벌레일 때가 더 사냥술이 뛰어난데, 벌을 끌어들이는 물질을 분비한 다음 잡아먹는다.

- **분류** 사마귀목 애기사마귀과 난초사마귀속
- **서식지** 동남아시아 일대
- **식성** 다른 곤충
- **몸길이** 35~70mm

꽃으로 변신

에메랄드 바퀴벌레 말벌

이 말벌(암컷)의 독침에 찔린 바퀴벌레는 도망치지 않고 스스로 벌집을 찾아가서 산 채로 말벌 애벌레의 먹이가 된다.

- **분류** 벌아목 식충기생 말벌종
- **서식지** 남아시아, 아프리카 등
- **식성** 밝혀지지 않음
- **몸길이** 20~25mm

세뇌

다윈스 바크 스파이더

거미줄로 폭이 25m에 달하는 거대한 거미집을 만들어 거미집에 걸린 곤충을 잡아먹는다. 이 거미줄은 지구상에 존재하는 가장 질긴 실이다. 사람이 만든 가장 질긴 케블라 실보다도 무려 10배 더 질긴 것으로 밝혀졌다.

- **분류** 거미목
- **서식지** 마다가스카르
- **식성** 다른 곤충
- **몸길이** 5~20mm

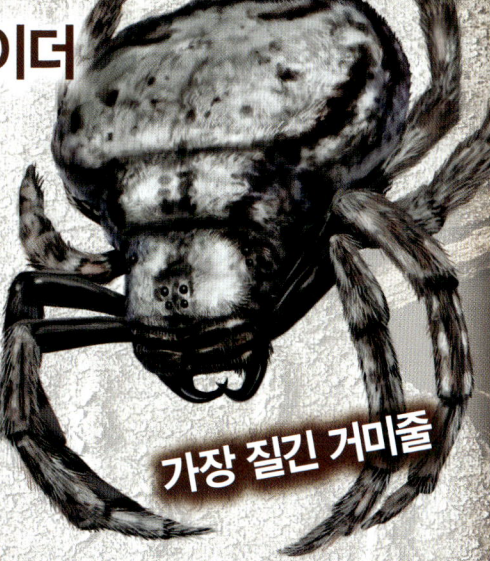

가장 질긴 거미줄

바퀴벌레

병원성 대장균과 같은 위험한 세균을 죽이는 항생물질을 뇌에서 분비한다. 바퀴벌레는 이 능력 덕분에 불결한 환경에서도 살 수 있다.

- **분류** 바퀴벌레목 바퀴벌레과
- **서식지** 전 세계(주로 열대 지방, 아열대 지방)
- **식성** 나무껍질, 나무 수액, 동물의 사체 등
- **몸길이** 30~45mm

항생물질 분비

나미브 사막거저리

건조한 사막에 사는 곤충으로, 밤이 되면 모래 밖에서 머리를 아래로 숙이고 배를 치켜드는 자세를 취한다. 이 자세로 있으면 배 윗부분에 있는 작은 돌기에 이슬이 달라붙어 물이 모인다. 그렇게 모인 물은 등을 타고 아래로 숙인 머리를 따라 입에 들어간다.

- **분류** 딱정벌레목 거저릿과
- **서식지** 나미브 사막
- **식성** 밝혀지지 않음
- **몸길이** 20mm

물을 모으는 돌기

랭킹 1
힘 & 공격력

대결에 참여한 곤충 중 힘과 공격력만 따졌을 때 누가 가장 강한지 순위를 매겼다.

힘 랭킹 TOP 10

1. 헤라클레스 장수풍뎅이
자기보다 몸집이 더 큰 상대도 머리에 있는 뿔과 가슴 윗부분에 난 뿔로 가볍게 들어 올려서 던진다.

2. 수마트라 왕넓적사슴벌레
중심이 낮고 안정감이 있어서 서로 몸을 부딪치며 밀어낼 때 유리하다.

3. 코카서스 장수풍뎅이
날카로운 발톱이 있는 긴 앞발 때문에 코카서스 장수풍뎅이가 발을 펴고 버티면 사람 힘으로도 쉽게 떼어내지 못한다.

4. 황제대왕길앞잡이
5. 페루비안 자이언트 지네
6. 기라파 톱사슴벌레
7. 총알개미
8. 낙타거미
9. 대왕귀뚜라미
10. 브라질 완더링 스파이더

공격력 랭킹 TOP10

1. 브라질 완더링 스파이더
세상에서 가장 강력한 맹독을 지닌 독거미다. 겨우 0.1mg의 독으로도 사람을 죽일 수 있다.

2. 데스스토커
강력한 맹독을 지난 전갈로, 먹이가 많지 않은 사막에서 먹잇감을 확실하게 죽일 수 있다.

3. 수마트라 왕넓적사슴벌레
커다란 턱으로 깨무는 힘이 매우 강력하다. 풍뎅이의 딱딱한 뿔도 잘라낼 정도의 위력을 자랑한다.

4. 페루비안 자이언트 지네
5. 황제대왕길앞잡이
6. 총알개미
7. 헤라클레스 장수풍뎅이
8. 코카서스 장수풍뎅이
9. 대왕귀뚜라미
10. 장수말벌

2회전-1

세상에서 가장 센 독
브라질 완더링 스파이더

포악성	힘
기술	공격력
순발력	체력
스피드	방어력

크기 비교

- 분류 ········· 너구리거미과
- 서식지 ········· 남아메리카
- 식성 ········· 곤충, 작은 동물 등
- 몸길이 ········· 50~100mm

목숨을 위협하는 치명적인 독

세상에서 가장 강력한 독을 지닌 거미다. 사람이 물리면 혈압 상승, 호흡곤란과 같은 증세가 일어나고, 30분 안에 사망하게 된다. 거미 한 마리가 지닌 독의 양은 8~10mg 정도지만, 이 정도로도 성인 100명, 쥐 1,000마리 정도를 죽일 수 있다. 거미집을 짓지 않고, 밤에 돌아다니며 곤충이나 쥐 등을 사냥한다.

1 죽음으로 몰아넣는 독
겨우 0.1mg의 독으로도 사람을 죽음에 이르게 할 수 있다. 다행히 이 독을 치료하는 약이 개발되어 사망사고는 줄었지만, 여전히 매우 위험한 곤충이다.

2 바나나 속에 몸을 감추기
야행성인 브라질 완더링 스파이더는 햇빛을 피해 바나나 송이 속에 숨기도 한다. 이것 때문에 "바나나 거미"라고도 불린다.

S 기라파 톱사슴벌레

크고 긴 집게 턱

능력치: 포악성, 힘, 공격력, 체력, 방어력, 스피드, 순발력, 기술

- **분류** ············ 딱정벌레목 사슴벌렛과 톱사슴벌레속
- **서식지** ·········· 동남아시아의 열대 지역
- **식성** ············ 나무 수액 등
- **몸길이** ·········· 35~120mm

지난 회 대결 vs 포투리스 반딧불이

기라파 톱사슴벌레는 포투리스 반딧불이에게 등을 깨물렸지만, 단단한 외골격 덕에 피해는 없었다. 공격에서 빠져나온 기라파 톱사슴벌레는 길고 큰 턱으로 포투리스 반딧불이의 몸통을 강한 힘으로 조인 후에 들어 올려 승부를 결정지었다.

18쪽

2회전-1

대결 장소: 모래땅

세상에서 가장 센 독으로 공격하는 브라질 완더링 스파이더와 크고 긴 집게 턱으로 적을 물리치는 기라파 톱사슴벌레의 대결이다! 누구의 무기가 더 강력할까?

배틀 씬 1

맹렬한 돌진과 침착한 반격

맹렬하게 돌진한 브라질 완더링 스파이더가 덮치려는 순간, 기라파 톱사슴벌레가 몸을 돌려 피하며 침착하게 반격을 시작했다. 크고 긴 집게 턱으로 상대의 몸통을 잡은 후 뒤집은 것이다!

호쾌한 뒤집기 공격!

LOCK ON!!

긴 집게 턱
기라파 톱사슴벌레의 집게 턱은 무척 길다. 상대의 공격이 닿지 않는 거리에서 공격과 방어를 동시에 할 수 있는 강력한 무기이다.

2회전-2
위장술에 능한 습격자
드래곤 사마귀

- 분류 ········· 사마귀목 사마귓과
- 서식지 ······· 동남아시아
- 식성 ········· 곤충 및 파충류 등
- 몸길이 ······· 70~200mm

크기 비교

지난 회 대결 vs 낙타거미

22쪽

낙타거미의 빠른 공격에 다리 하나를 물어뜯긴 드래곤 사마귀지만, 빈틈을 놓치지 않고 긴 앞다리로 상대의 몸통을 위에서 붙잡는 데 성공했다! 그리고는 긴 몸을 뻗어 붙잡은 낙타거미를 물어뜯었다.

곤충계의 천하장사
헤라클레스 장수풍뎅이

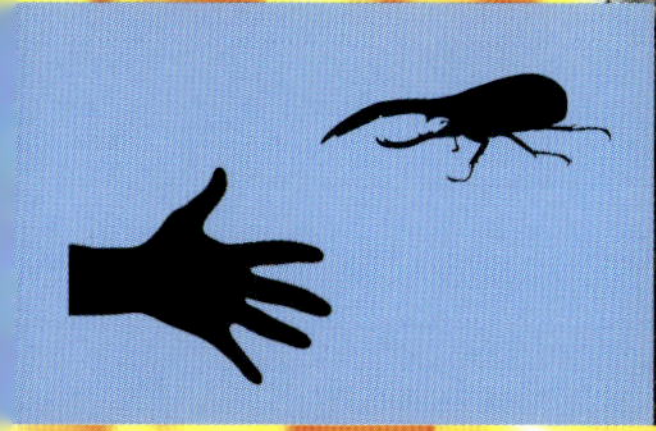

- **분류** ········· 딱정벌레목 풍뎅잇과 장수풍뎅이아과
- **서식지** ······· 중앙아메리카, 남아메리카
- **식성** ········· 나무 수액, 과즙 등
- **몸길이** ······· 100~170mm

공수에 유용한 두 개의 뿔

세상에서 가장 큰 장수풍뎅이로, 한국뿐 아니라 전 세계에서 사육용으로 인기가 매우 높다. 일반적인 장수풍뎅이와는 모양이 많이 다르다. 머리와 가슴에 자란 두 개의 뿔로 상대방을 찌르거나 집어던져서 적을 물리친다.

 상하로 움직이는 머리 뿔

눈 가까이에 난 머리 뿔은 짧지만 위아래로 움직일 수 있다. 이 뿔을 상대의 배 아래로 집어넣고 들어 올려 가슴 위에 난 뿔과 함께 상대를 집은 후 던진다.

 모양이 다른 아종

헤라클레스 장수풍뎅이는 헤라클레스 리키, 헤라클레스 옥시덴탈리스 등 여러 종류의 아종(생물분류에서 종의 하위 단계)이 많다. 각각 몸길이나 뿔의 크기 등이 조금씩 다르다.

배틀 씬 2
성공적인 기습

방심한 상대를 드래곤 사마귀가 기습했다! 긴 앞다리로 헤라클레스 장수풍뎅이를 잡고 몸을 숙여서 상대의 뒷다리를 물었다. 기습에 놀란 헤라클레스 장수풍뎅이가 공격에서 벗어나기 위해 발버둥 친다.

LOCK ON!!

기습
사마귀는 움직이지 않고 기다렸다가 사냥감을 기습하여 잡아먹는 데 능하다. 큰 곤충뿐 아니라 작은 뱀이나 작은 새도 기습해서 잡아먹는다.

배틀 씬 3
힘으로 집어던지기

용을 써서 상대의 공격에서 벗어난 헤라클레스 장수풍뎅이가 드래곤 사마귀를 집게 뿔로 들어 올린 후에 힘껏 집어던졌다! 땅바닥에 내동댕이쳐진 드래곤 사마귀는 상대의 힘에 압도당해 그만 싸울 의욕을 잃고 도망쳤다.

헤라클레스 장수풍뎅이의 승리!

2회전-3

곤충계의 육식 싸움꾼
황제대왕길앞잡이

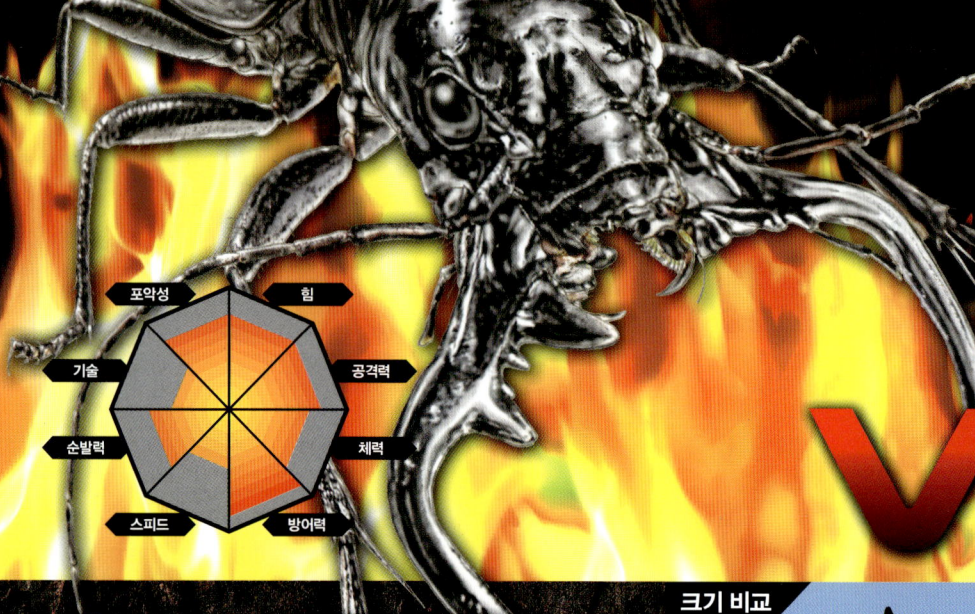

레이더 능력치: 포악성, 힘, 공격력, 체력, 방어력, 스피드, 순발력, 기술

크기 비교

- 분류 ········· 딱정벌렛과 길앞잡이아과 만티코라속
- 서식지 ········· 남아프리카
- 식성 ········· 곤충, 파충류 등
- 몸길이 ········· 45~70mm

적을 부스러뜨리는 턱 힘

몸 전체가 딱딱한 외골격으로 둘러싸여 있어서 딱정벌레 중에서도 손꼽히는 방어력을 자랑한다. 다른 길앞잡이들과 달리 날지는 못하지만 먹잇감을 발견하면 빠른 속도로 쫓아가서 단단한 두 턱으로 물어뜯는다. 같은 딱정벌렛과인 풍뎅이나 사슴벌레들도 부스러뜨릴 정도로 턱 힘이 강하다.

① 무엇이든 물어뜯는 큰 턱
황제대왕길앞잡이의 주된 무기는 크고 단단한 턱이다. 턱이 좌우대칭으로 되어 있기 때문에 상대의 목을 조르거나 물어뜯는 등 다양한 공격이 가능하다.

② 끊임없는 전투 본능
성질이 매우 공격적이어서 상대가 자신보다 클지라도 서슴없이 공격한다. 물론 싸움에 패하기도 하지만, 싸움을 매우 즐기는 성격이다.

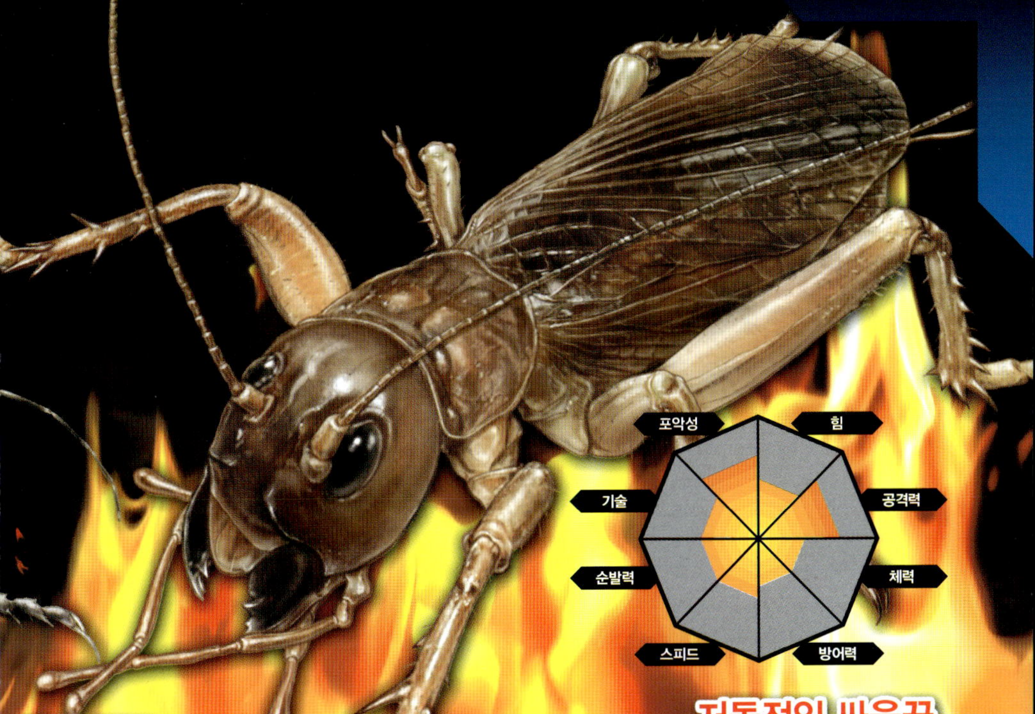

저돌적인 싸움꾼
대왕귀뚜라미

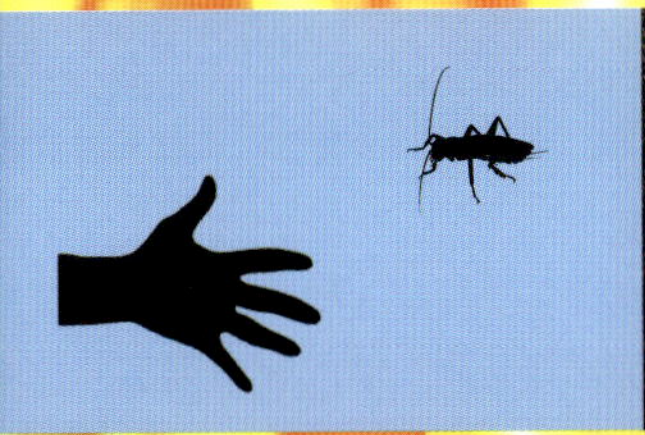

- 분류 ············ 메뚜기목 여치아목 어리여치상과
- 서식지 ·········· 인도네시아
- 식성 ············ 곤충, 파충류 등
- 몸길이 ·········· 60~100mm

지난 회 대결 vs 사마귀붙이 26쪽

대왕귀뚜라미가 돌격하자 사마귀붙이는 낫처럼 날카로운 앞발로 내려쳐서 반격했다. 그러나 대왕귀뚜라미는 상대의 반격을 머리로 받아내고 힘으로 밀어붙여서 상대를 내리누른 후에 강력한 턱 힘으로 물어 대결에서 이겼다.

배틀 씬 2
긴박한 힘겨루기

대왕귀뚜라미의 깨물기 공격에서 벗어난 황제대왕길앞잡이가 큰 턱으로 상대를 물려고 한다. 대왕귀뚜라미는 앞발을 뻗어 상대를 밀어내었고, 긴박한 힘겨루기가 시작되었다.

LOCK ON!!

힘겨루기
정면에서 서로를 미는 힘겨루기에서는 힘이 세고 중심이 낮은 황제대왕길앞잡이가 대왕귀뚜라미보다 유리하다.

배틀 씬 3
큰 턱으로 깨물기

힘겨루기에서 조금씩 밀리던 대왕귀뚜라미의 상체가 조금 위로 들린 순간, 황제대왕길앞잡이는 큰 턱으로 상대의 상체를 물어서 들어 올린 후 뒤집어서 쓰러트렸다. 그리고는 훤히 드러난 상대의 배를 큰 턱으로 찔러 승부를 결정지었다!

황제대왕길앞잡이의 승리!

2회전-4
거대한 벌떼 군단의 대장군
장수말벌

- 분류 ········· 벌목 말벌과 말벌아과 말벌속
- 서식지 ········· 아시아 곳곳
- 식성 ········· 나무 수액, 꿀 등(애벌레일 때는 육식성)
- 몸길이 ········· 25~40mm

크기 비교

지난 회 대결 vs 사막메뚜기
30쪽

장수말벌이 하늘에서 빠르게 내려오며 사막메뚜기를 습격했지만 실패하고, 오히려 점프해서 하늘로 날아오른 사막메뚜기에게 몸통박치기를 당했다. 하지만 장수말벌은 물러서지 않고 독침과 깨물기로 빠르게 역습해서 승리를 거두었다.

장수잠자리

곤충계의 전투기

- 분류 ·············· 잠자리목 잠자리아목 장수잠자리과
- 서식지 ············ 한국, 중국, 일본 등
- 식성 ·············· 작은 곤충 등
- 몸길이 ············ 90~110mm

뛰어난 비행 능력

한국, 중국, 일본 등 아시아 전역에 걸쳐 분포하는 커다란 잠자리다. 두 쌍(4장)의 커다란 날개를 사용해 급발진, 급선회, 공중정지 등을 하며 자유자재로 날아다닌다. 주로 모기나 파리, 매미 등 작은 곤충을 먹잇감으로 삼지만, 때에 따라서는 작은 말벌이나 풍뎅이류까지 공중에서 사냥해서 잡아먹는다. 보통은 사냥감을 빠르게 쫓아서 강력한 턱으로 물어뜯는 방식으로 사냥을 한다. 몸집이 크기 때문에 잠자리 중에서도 전투력이 상당히 높은 편이다.

1 두 쌍의 커다란 날개

장수잠자리의 비행 속도는 시속 70km에 육박하여 곤충 중에서 상당히 빠른 편에 속한다. 이만큼 속도를 낼 수 있는 것은 등에 난 두 쌍의 거대한 날개 덕분이다.

2 위협적인 턱 힘

장수잠자리의 턱 힘은 상당히 강해서 사람도 물리면 피가 날 정도다. 작은 곤충이라면 한 방에 물어 죽일 수 있다.

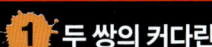

배틀 씬 2
깨물기로 반격

맹렬한 연속공격을 시도하다가 실패하고 지친 장수말벌에게 장수잠자리가 반격한다. 속임수 동작을 섞은 뛰어난 비행술로 상대를 속인 다음 등 뒤로 돌아가 깨물었다! 장수말벌은 상대의 공격에서 벗어나기 위해 필사적이다.

LOCK ON!!

현란한 비행술
장수잠자리는 급발진, 급선회, 공중정지 등의 현란한 비행술과 시속 70km의 빠른 비행 속도로 공중을 날며 사냥한다.

배틀 씬 3
땅 위에서의 싸움

상대의 공격에서 벗어나기 위해 장수말벌은 필사적으로 발버둥 쳤고, 두 곤충은 함께 땅으로 떨어졌다. 등 뒤의 부상으로 움직임이 둔해진 상대를 장수잠자리가 다시 깨물었고, 곧 승부는 결정났다.

장수잠자리의 승리!

칼럼 ❸

집단으로 생활하는 곤충들

곤충 중에는 몇 천 몇 만 마리가 집단을 이뤄 생활하는 것도 있다.
이런 곤충들은 집단생활의 거점이 되는 거대한 집을 만들기도 한다.
어떤 곤충들이 집을 만드는지 알아보자.

거대한 집을 만드는 곤충

집을 만들어 집단으로 생활하는 곤충은 벌이나 개미가 대부분이고, 흰개미도 집을 만드는 것으로 유명하다. 대부분의 벌은 식물 섬유나 진흙, 스스로 만든 밀랍 등을 이용해 집을 만든다. 개미나 흰개미는 주로 흙이나 오래된 나무에 구멍을 내어 집을 만들지만, 흙을 높이 쌓아 올리고 그 안에 집을 만드는 경우도 있다.

왕개미　　　　　　　　　　장수말벌

집단 내에서의 역할

하나의 집에 집단으로 모여 사는 벌이나 개미, 흰개미는 모두가 하나의 가족이다. 곤충은 대부분 자신이 낳은 알이나 새끼를 돌보지 않지만, 가족집단으로 생활하는 곤충은 알이나 새끼를 소중히 기른다. 새끼들이 성충이 되면 가족집단의 일원으로 가담해 더 큰 집단을 이루게 된다. 집단 안에서는 각자의 역할이 정해져 있으며, 각자의 역할을 충실히 수행함으로써 집단생활이 유지된다.

여왕개미, 여왕벌	알을 낳는 역할을 한다. 알을 돌보는 일꾼들이 성장할 때까지 직접 알을 돌보는 경우도 있다.
일개미, 일벌	식량을 찾고 새끼를 돌보는 역할을 한다. 개미나 벌 집단의 대다수는 일개미 또는 일벌에 속한다.
수개미, 수벌	여왕의 배우자 역할을 한다. 번식기가 되면 살던 집을 떠나서 새로운 여왕개미, 여왕벌의 배우자가 될 수 있는 후보군이다.

개미집의 내부는 어떻게 되어 있을까?

벌이나 개미가 짓는 집은 구조가 복잡해서 집 바깥에서는 내부가 어떠한 구조로 되어 있는지 알 수 없다. 그래서 일반적인 개미집이 어떤 구조로 되어 있는지를 그림으로 설명하고자 한다. 다만 아래 그림은 간략하게 그린 것으로, 실제 개미집은 방도 훨씬 많고 통로도 그물망처럼 복잡하게 얽혀 있다.

2회전-5
싸움을 좋아하는 무법자
코카서스 장수풍뎅이

- 분류 .... 딱정벌레목 풍뎅잇과 장수풍뎅이아과
- 서식지 .... 동남아시아
- 식성 .... 나무 수액 등
- 몸길이 .... 60~130mm

크기 비교

세 개의 뿔로 적을 분쇄

코카서스 장수풍뎅이는 동남아시아 수마트라섬이나 자바섬 등에 서식하는 대형 장수풍뎅이다. 아시아 지역에 서식하는 장수풍뎅이 중 가장 크며, 몸길이가 130mm까지도 성장한다. 늠름한 세 개의 큰 뿔은 싸울 때 훌륭한 무기가 된다. 암컷, 수컷 가리지 않고 성질이 급하고 공격적이다. 쓰러트린 상대방을 계속 공격하여 갈기갈기 찢어버리는 등 포악하기로 악명 높다.

1 커다랗고 육중한 뿔
코카서스 장수풍뎅이는 머리에 하나, 가슴에 두 개의 뿔이 나 있다. 뿔 끝은 매우 뾰족해서 찔리면 큰 상처를 입는다.

2 날카로운 발톱
길고 가는 다리 끝에 완만하게 휘어진 날카로운 발톱이 나 있다. 싸울 때는 적이 도망가지 못하게 상대를 다리로 붙잡고 뿔로 집어던진다.

곤충계의 돌격병
파리매

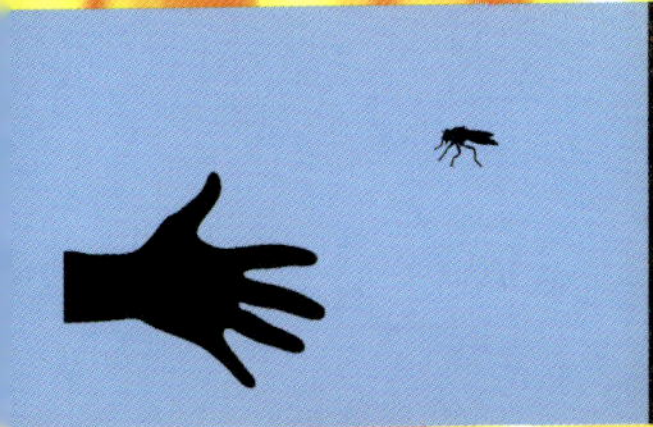

능력치: 포악성, 힘, 기술, 공격력, 순발력, 체력, 스피드, 방어력

- **분류** ······ 파리목 파리맷과
- **서식지** ···· 한국, 일본
- **식성** ······ 작은 곤충 등
- **몸길이** ···· 20~30mm

지난 회 대결 vs 폭탄먼지벌레   36쪽

파리매가 하늘에서 빠르게 내려와 기습했지만 실패하고, 오히려 폭탄먼지벌레가 분출한 가스 공격을 가까스로 피했다. 그러나 폭탄먼지벌레가 다음 가스를 뿜기까지 걸리는 짧은 틈을 놓치지 않고 파리매는 상대를 뾰족한 구기로 찔렀고, 곧 승부가 결정 났다.

2회전-6

타란툴라 거미의 천적
타란툴라 사냥벌

- 포악성
- 힘
- 기술
- 공격력
- 순발력
- 체력
- 스피드
- 방어력

크기 비교

- ● 분류 ········· 벌목 말벌상과 대모벌과
- ● 서식지 ········· 아메리카
- ● 식성 ········· 꿀 등
- ● 몸길이 ········· 약 60mm

지난 회 대결 vs 골리앗 버드이터   40쪽 ▶

타란툴라 사냥벌은 맹렬히 공격하는 골리앗 버드이터의 앞발과 협각을 민첩한 움직임으로 피하고, 상대의 독성이 있는 털 공격도 단단한 외골격으로 막아냈다. 그리고는 독침을 상대의 등에 찔러 승부를 결정지었다.

죽음을 부르는 추격자
데스스토커

포악성 · 힘 · 기술 · 공격력 · 순발력 · 체력 · 스피드 · 방어력

- **분류** ········ 거미강 전갈목 전갈과
- **서식지** ······ 중동, 유럽 등
- **식성** ········ 곤충 등
- **몸길이** ······ 50~100mm

맹독을 지닌 꼬리

데스스토커에게는 성인 남자를 죽일 정도의 치명적인 독이 있다. 커다란 꼬리 끝에 맹독을 주입하는 날카로운 독침이 있어서 먹이를 사냥할 때나 적과 싸울 때 강력한 무기가 된다. 움직임이 빠르고, 한번 정한 먹잇감은 끈질기게 추격한다.

 진화하여 얻은 맹독

데스스토커는 먹잇감이 적은 사막 지역에 산다. 그래서 사냥에 성공할 확률을 높이려고 진화한 결과, 맹독을 무기로 사용하게 되었다.

 빠르고 끈질긴 추격

야행성이기 때문에 낮에는 그늘에서 쉬다가 밤이 되면 먹이를 찾아 돌아다닌다. 동작이 민첩할 뿐만 아니라 이동속도도 상당히 빨라서 한번 노린 먹이는 끝까지 쫓아간다.

2회전-7

독침을 가진 개미
총알개미

능력치: 포악성 / 힘 / 기술 / 공격력 / 순발력 / 체력 / 스피드 / 방어력

- **분류** ······ 벌목 개밋과 파라포네리네아과
- **서식지** ······ 중앙아메리카, 남아메리카
- **식성** ······ 절지동물, 진딧물의 배설물 등
- **몸길이** ······ 20~30mm

크기 비교

가장 위험한 개미

열대우림 등지에서 서식하는 거대한 개미다. 큰 턱의 무는 힘도 강하지만, 가장 위협적인 무기는 배 끝에 있는 뾰족한 독침이다. 먹잇감이 되는 절지동물을 독침으로 쏘아서 사냥하는데, 사람도 독침에 쏘이면 총알에 맞은 것처럼 아프다고 하여 "총알개미"라는 이름을 얻게 되었다. 침에 쏘였을 때의 아픔은 모든 개미나 벌 중에서 가장 아프다고 알려져 있다.

1 세상에서 가장 큰 개미

총알개미는 세상에서 가장 큰 개미로, 다른 개미와는 다르게 혼자서 사냥하러 다니고, 하나의 개미집에 수백에서 수천 마리가 모여 산다.

2 큰 통증을 주는 독침

총알개미의 독침에 쏘이면 불에 덴 듯한 엄청난 통증이 24시간 정도 계속된다. 또 심각한 알레르기 반응이 나타나 죽게 될 수도 있다.

세상에서 가장 큰 지네
페루비안 자이언트 지네

- 분류 ········· 왕지네목 왕지넷과
- 서식지 ········· 남아메리카
- 식성 ········· 작은 동물
- 몸길이 ········· 200~400mm

지난 회 대결 VS 프루스토르페리 대왕뱀잠자리   44쪽

프루스토르페리 대왕뱀잠자리에게 물린 페루비안 자이언트 지네가 많은 다리로 상대의 몸을 잡고 졸랐다. 처음에는 프루스토르페리 대왕뱀잠자리도 벗어나려 하지 않고 상대를 힘껏 깨물었지만, 시간이 지나면서 점점 지쳤고, 페루비안 자이언트 지네는 지친 상대를 깨물고 몸속에 독을 주입했다.

2회전-7

대결 장소 모래땅

큰 통증을 주는 독침을 무기로 싸우는 총알개미와 독니를 무기로 싸우는 페루비안 자이언트 지네의 대결이다! 누구의 무기가 더 강력할지 지켜보자.

배틀 씬 1
빈틈을 만드는 작전

페루비안 자이언트 지네는 자신의 주위를 빠르게 돌며 위협하는 총알개미의 움직임에 대응하려고 하지만, 긴 몸 때문에 움직임이 느려 오히려 빈틈을 보였다. 총알개미는 빈틈을 놓치지 않고 재빨리 상대의 몸통에 독침을 쏘았다.

빈틈을 노린 선제공격

LOCK ON!!

위력적인 독침
곤충계에서 총알개미의 독은 쏘인 상대에게 가장 큰 고통을 주는 것으로 유명하다. 총알개미의 독침에 쏘이면 엄청난 통증이 24시간 정도 계속된다.

2회전-8
곤충계의 화학병기
자귀나무허리노린재

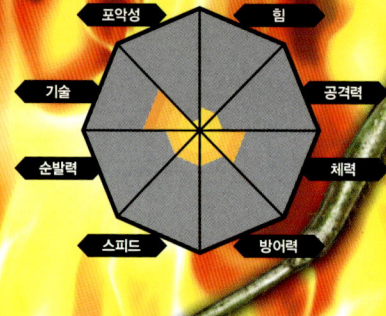

- 포악성
- 힘
- 기술
- 공격력
- 순발력
- 체력
- 스피드
- 방어력

크기 비교

- **분류** ············ 노린재목 허리노린재상과 허리노린잿과
- **서식지** ·········· 한국, 중국, 일본 등
- **식성** ············ 나뭇잎, 나무 수액 등
- **몸길이** ·········· 20~25mm

지난 회 대결 vs 검정딱지바구미

48쪽

자귀나무허리노린재가 검정딱지바구미를 쓰러트린 후에 구기로 찔렀지만 단단한 외골격에 구기가 튕겨 나갔고, 오히려 거칠게 밀어붙이는 반격을 당했다. 그러나 자귀나무허리노린재는 밀고 들어오는 상대의 위로 올라가 악취가 나는 분비액을 분출하여 승부를 결정지었다.

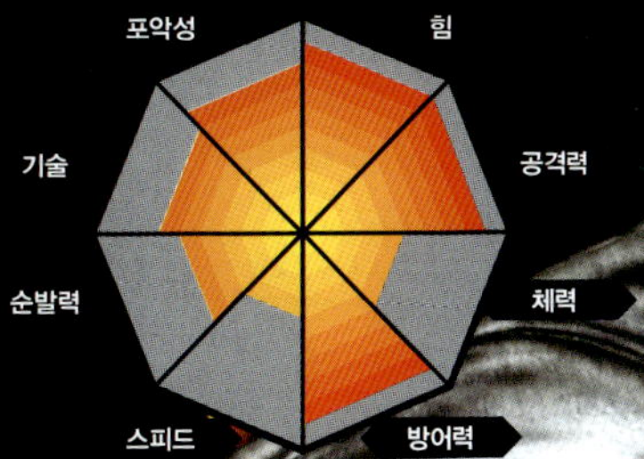

곤충계의 중전차
수마트라 왕넓적사슴벌레

- **분류** ········· 딱정벌레목 사슴벌렛과 넓적사슴벌레속
- **서식지** ········· 인도네시아
- **식성** ········· 나무 수액 등
- **몸길이** ········· 30~100mm

근접전의 스페셜리스트

수마트라 왕넓적사슴벌레는 한국에도 서식하는 넓적사슴벌레의 친척이다. 넓적사슴벌레 중에서는 몸집이 커서 몸길이가 100mm를 넘는 것도 있다. 넓적사슴벌레들이 대개 그렇듯 공격적이어서 싸움이 벌어지면 적극적으로 상대방을 공격한다. 큰 몸집에, 단단하고 커다란 턱은 싸울 때 강력한 무기가 된다. 가까이 붙어서 싸우는 근접전에 강하다.

딱지를 두른 큰 몸

수마트라 왕넓적사슴벌레의 큰 몸은 넓적하며 무거워서 안정감이 뛰어나다. 또 단단한 딱지를 두르고 있어서 '곤충계의 중전차'라 할 수 있다.

두껍고 짧은 커다란 턱

커다란 집게 턱은 다른 넓적사슴벌레와 비교하면 다소 짧지만, 무는 힘은 아주 세다. 자기보다 커다란 상대를 붙들어 던질 수도 있다.

배틀 씬 2
물러섬 없는 반격

강렬한 악취에 잠시 주춤했던 수마트라 왕넓적사슴벌레가 곧 상대에게 다가가서 큰 집게 턱으로 물고 높게 들어 올렸다. 자귀나무허리노린재는 강한 집게 턱에서 벗어나기 위해서 필사적으로 발버둥을 친다.

LOCK ON!!

강력한 집게 턱

집게 턱이 다른 넓적사슴벌레와 비교하면 다소 짧은 대신, 무는 힘은 아주 세다. 자기보다 큰 상대를 붙들어 던질 수도 있다.

큰 턱으로 깨물기!

배틀 씬 3
일방적인 공격

단단한 턱으로 상대를 물고서 수마트라 왕넓적사슴벌레는 풀숲 주변에 퍼진 강렬한 악취를 피해 다른 곳으로 이동했다. 물린 상태로 질질 끌려가는 자귀나무허리노린재는 완전히 싸울 의지를 잃어버렸다!

수마트라 왕넓적사슴벌레의 승리!

시범경기 2

메가네우라
vs
아르트로플레우라

이미 멸종했지만, 역사상 가장 몸집이 컸던 곤충과 절지동물이 싸우면 누가 이길까? 아르트로플레우라는 아직 상대방의 존재를 눈치채지 못하고 거대한 몸으로 땅 위를 기어 다니고 있다. 상대를 먼저 발견한 것은 나뭇가지에 매달려 있던 메가네우라다. 메가네우라는 곧바로 글라이더처럼 날아 내려와 아르트로플레우라에게 잽싸게 달려들었다. 그러나 메가네우라의 공격은 상대에게 큰 피해를 주지 못했고, 오히려 아르트로플레우라가 메가네우라의 몸을 칭칭 감고 물어뜯으며 반격하자 결국 숨이 끊겼다.

크기 비교

역사상 가장 큰 곤충
메가네우라

- 분류 ········· 메가니소프테라목 메가네우라과
- 서식지 ········ 유럽, 북아메리카 등
- 식성 ········· 밝혀지지 않음
- 날개 길이 ····· 50~70cm

약 2억9천만 년 전, 숲에 서식했던 거대한 잠자리다. 날개 길이가 50~70cm로, 지금까지 알려진 가장 거대한 곤충이다. 식성은 아직 정확히 밝혀지지 않았으나, 메가네우라의 화석에 커다란 아래턱이 있는 것으로 보아 현재의 잠자리와 같이 육식성이었을 것으로 추정된다.

역사상 가장 큰 절지동물
아르트로플레우라

약 3억 5천만 년 전, 숲에 서식했던 역사상 가장 거대한 절지동물이다. 지네나 노래기와 비슷한 모습이었고, 폭 45cm, 몸길이 2~3m에 달했다. 아르트로플레우라 화석의 소화관에서 식물의 씨 일부가 발견됨에 따라 낙엽 등을 먹고 사는 초식성 동물이었을 것으로 추정된다.

- 분류 ········· 아르트로플레우라과
- 서식지 ······· 북아메리카 등
- 식성 ········· 밝혀지지 않음
- 몸길이 ······· 200~300cm

크기 비교

거대 잠자리 VS 거대 절지동물의 대결!

아르트로플레우라의 승리!

칼럼 ④

거친 환경에서 사는 곤충들

땅 위나 하늘, 물속 등 곤충들은 여러 장소를 삶의 터전 삼아 살고 있다.
생물이 살기에 너무나 혹독한 환경에서도 적응하며 살아가는 곤충들을 알아보자.

최강의 생존력을 갖춘 완보동물

일반적인 생물은 극한의 고온이나 저온, 건조한 기후를 견디기 힘들어하며, 한계가 넘어가면 죽음에 이르게 된다. 그러나 완보동물은 이런 악조건 속에서도 살 수 있는 생존력을 가지고 있어서 히말라야 산맥 정상에서부터 깊은 심해까지, 극지방에서 적도까지 지구 전역에서 서식한다. 사람이 쬐면 사망에 이르는 양의 방사능에도 견디는 등 놀라운 생존력 때문에 "최강의 생물"이라고 불린다.

완보동물

주위가 건조하면 몸속에 필요한 물을 극한까지 줄여서 물 공급 없이도 10년이나 살 수 있다. 지금까지 1000여 종이 발견되었다.

- **분류**　동물계 완보동물문
- **서식지**　물이 있는 모든 곳
- **식성**　해조류, 선충 등
- **몸길이**　0.05~1.7mm

최강의 환경 적응력

완보동물의 놀랄만한 생존력 (건면 상태일 때)

온도	고온은 151도, 저온은 −273도 가까이에서도 살 수 있다.
건조	체중의 85%가 넘는 몸 안의 수분이 3% 이하까지 떨어져도 살 수 있다.
압력	진공 상태에서부터 75,000기압까지 견딜 수 있어서, 수심 10,000m의 심해에서도 살 수 있다.
방사선	사람의 치사량 1000배에 달하는 방사능에 노출돼도 살 수 있다.

강한 적응력을 지닌 다른 곤충들

완보동물은 건면 상태(몸속의 물을 방출하고 거의 죽은 것과 비슷한 상태)에서 최강의 생존력을 자랑하지만, 생물이 살기 힘든 극한의 환경에서 건면 상태에 빠지지 않고도 생활하는 다른 곤충들이 있다. 이런 경이로운 곤충들을 만나보자.

석유파리

원유는 대부분의 생물에게 해롭지만, 이 파리의 애벌레는 원유 속에서 살면서 원유에 빠진 곤충 등을 먹는다.

- **분류** 파리목
- **서식지** 미국
- **식성** 다른 곤충(애벌레일 때)
- **몸길이** 5~12mm(애벌레일 때)

원유 속에서 생활

심해등각류

수심이 200~1000m나 되는 깊은 바다에서 산다. 오랫동안 먹지 않고도 살 수 있다. 수족관에서 사육된 심해등각류 중에는 5년 이상 아무것도 먹지 않고도 생존했던 사례가 있다.

- **분류** 등각목 모래무지벌레과
- **서식지** 서대서양 심해
- **식성** 생물의 사체
- **몸길이** 200~500mm

수압 높은 심해에서 생활

서관충

맹독성 황화수소를 내뿜는 해저 화산분화구에 서식한다. 몸 안에서 키우는 박테리아가 바닷물에 포함된 황화수소를 영양분으로 바꾼다.

- **분류** 환형동물문
- **서식지** 태평양 일대 해저
- **식성** 박테리아를 통해 얻어지는 유기화합물
- **몸길이** 500~2000mm

맹독성 황화수소가 영양분

랭킹 2
체력 & 방어력

체력에서는 장거리 비행을 많이 하는 곤충들이 높은 순위에 올랐고, 방어력은 딱정벌레류의 순위가 높다.

체력 랭킹 TOP 10

 장수말벌
장수말벌의 체력 비결은 애벌레 때부터 섭취한 영양분이다. 하루에 100km도 계속 날 수 있는 체력이 있다.

 장수잠자리
긴 시간 동안 공중에서 정지 비행(공중의 한 지점을 정지하는 것 같이 나는 방법)을 할 수 있다.

 파리매
구기를 먹이에 찔러 넣은 후 숨이 끊어질 때까지 상대를 세게 껴안는다.

4. 황제대왕길앞잡이
5. 총알개미
6. 페루비안 자이언트 지네
7. 타란툴라 사냥벌
8. 헤라클레스 장수풍뎅이
9. 코카서스 장수풍뎅이
10. 수마트라 왕넓적사슴벌레

방어력 랭킹 TOP 10

 **검정딱지바구미**
곤충계에서 가장 단단한 외골격을 지닌다. 스테인리스로 만든 곤충표본용 핀도 튕겨낼 정도로 단단하다.

 황제대왕길앞잡이
외골격이 단단할 뿐만 아니라 움직임도 빨라서 공격을 잘 피한다.

 수마트라 왕넓적사슴벌레
단단한 외골격과 길고 큰 턱이 상대의 공격을 견제한다.

4. 헤라클레스 장수풍뎅이
5. 코카서스 장수풍뎅이
6. 기라파 톱사슴벌레
7. 페루비안 자이언트 지네
8. 장수말벌
9. 폭탄먼지벌레
10. 브라질 완더링 스파이더

준준결승-1
세상에서 가장 센 독
브라질 완더링 스파이더

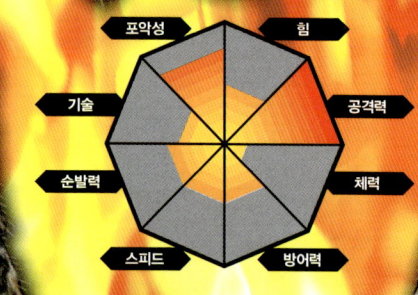

- 포악성
- 힘
- 기술
- 공격력
- 순발력
- 체력
- 스피드
- 방어력

- **분류** ······ 너구리거미과
- **서식지** ······ 남아메리카
- **식성** ······ 곤충, 작은 동물 등
- **몸길이** ······ 50~100mm

크기 비교

지난 회 대결 vs 기라파 톱사슴벌레 58쪽

돌진하는 브라질 완더링 스파이더를 기라파 톱사슴벌레가 집게 턱으로 잡아서 뒤집은 다음 몸을 졸랐다. 브라질 완더링 스파이더는 상대의 공격에서 벗어나기 위해 발버둥 치다가 몸을 꼬아 상대의 등 위에 올라탔다. 그리고는 상대를 협각으로 물고 맹독을 주입하여 승부를 결정지었다.

096

곤충계의 천하장사
헤라클레스 장수풍뎅이

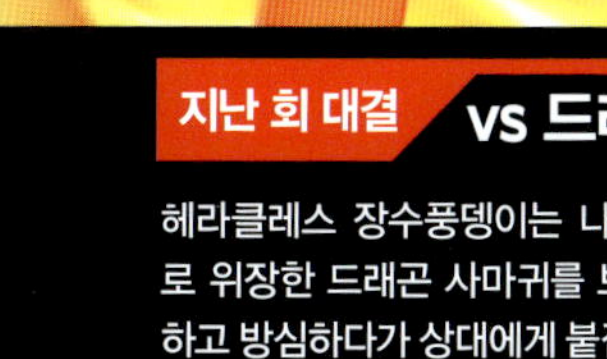

- **분류** ······ 딱정벌레목 풍뎅잇과 장수풍뎅이아과
- **서식지** ···· 중앙아메리카, 남아메리카
- **식성** ······ 나무 수액, 과즙 등
- **몸길이** ···· 100~170mm

지난 회 대결 vs 드래곤 사마귀

헤라클레스 장수풍뎅이는 나뭇가지로 위장한 드래곤 사마귀를 보지 못하고 방심하다가 상대에게 붙잡혀 뒷다리를 물리는 기습을 당했다. 힘으로 상대의 공격에서 벗어난 헤라클레스 장수풍뎅이가 상대를 집게 뿔로 들어 올린 후에 집어던졌다.

62쪽

준준결승-1

대결 장소 **모래땅**

힘과 방어력이 더 센 헤라클레스 장수풍뎅이지만, 브라질 완더링 스파이더의 협각에 물려서 맹독이 주입되면 생명이 위험하다. 상대의 무기를 어떻게 피하며 싸울지 지켜보자.

배틀 씬 1
상대를 견제하는 움직임

브라질 완더링 스파이더는 날카로운 협각과 앞다리를 내보이며 상대의 접근을 견제하고, 헤라클레스 장수풍뎅이도 긴 뿔을 앞세워 거리를 두고 상대를 견제하는 상황이다. 둘 다 상대의 위협적인 모습에 신중하게 움직이고 있다.

몸을 커 보이게 하는 위협 자세

LOCK ON!!

위험한 맹독
브라질 완더링 스파이더의 협각에서 나오는 맹독은 사람 100명의 생명을 빼앗을 정도로 위험하다.

배틀 씬 2
상대의 움직임을 예측

상대가 공격하는 순간에 반격

브라질 완더링 스파이더가 민첩하게 옆걸음질하여 상대의 긴 뿔을 피해 덮치려고 한다. 그러나 브라질 완더링 스파이더의 움직임을 예측한 헤라클레스 장수풍뎅이가 집게 뿔로 상대의 다리를 붙잡았다.

LOCK ON!!

다리를 노린 공격
재빠르게 움직여서 덮치려던 브라질 완더링 스파이더의 다리를 헤라클레스 장수풍뎅이가 집게 뿔로 잡았다.

배틀 씬 3
상대의 둔해진 움직임

헤라클레스 장수풍뎅이의 집게 뿔에 잡혀서 브라질 완더링 스파이더의 다리가 부러졌다. 그래도 브라질 완더링 스파이더는 협각으로 상대를 깨물려고 했으나 헤라클레스 장수풍뎅이가 집게 뿔로 먼저 상대를 들어서 힘껏 집어던졌다.

헤라클레스 장수풍뎅이의 승리!

준준결승-2

곤충계의 육식 싸움꾼
황제대왕길앞잡이

- **분류** ········ 딱정벌렛과 길앞잡이아과 만티코라속
- **서식지** ······ 남아프리카
- **식성** ········ 곤충, 파충류 등
- **몸길이** ······ 45~70mm

크기 비교

지난 회 대결   vs 대왕귀뚜라미

66쪽

황제대왕길앞잡이는 접근하다가 대왕귀뚜라미에게 깨물렸지만 단단한 외골격 덕에 큰 피해는 없었다. 이후, 상대와의 힘겨루기에서 앞선 황제대왕길앞잡이가 큰 턱으로 상대의 상체를 물어 들고 뒤집어 쓰러트린 후에 큰 턱으로 찔러 승리를 가져갔다.

장수잠자리

곤충계의 전투기

- 분류 ········ 잠자리목 잠자리아목 장수잠자리과
- 서식지 ······ 한국, 중국, 일본 등
- 식성 ········ 작은 곤충 등
- 몸길이 ······ 90~110mm

지난 회 대결 vs 장수말벌

장수잠자리는 뛰어난 비행 능력으로 장수말벌의 공격을 전부 피한 다음 상대의 등 뒤로 돌아가 깨물었다. 하지만 공격에서 벗어나려는 상대의 발버둥에 두 곤충은 함께 땅으로 떨어졌고, 부상으로 움직임이 둔해진 상대를 장수잠자리가 다시 깨물어서 대결을 끝냈다.

70쪽

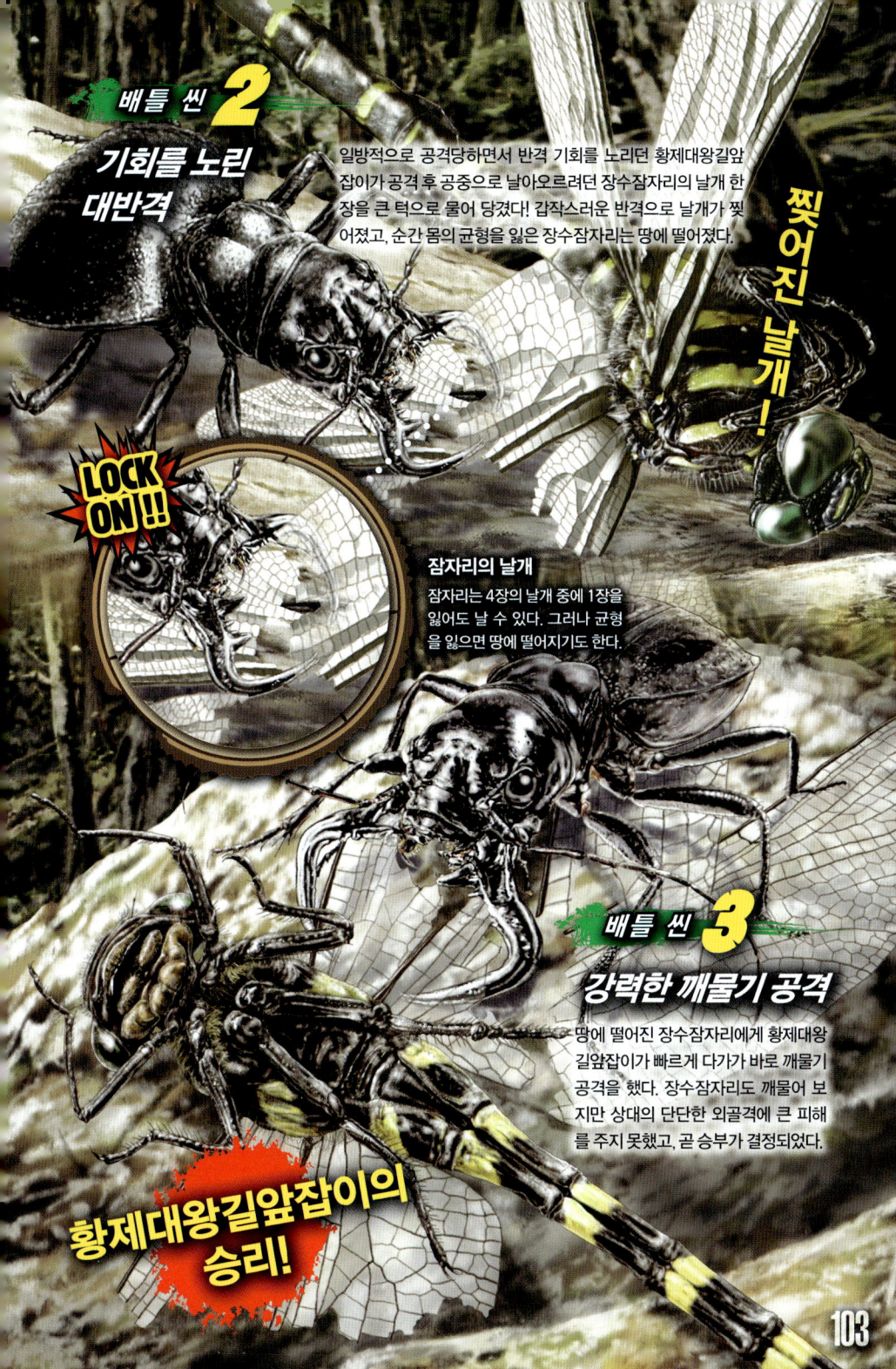

준준결승-3
싸움을 좋아하는 무법자
코카서스 장수풍뎅이

- **분류** ······ 딱정벌레목 풍뎅잇과 장수풍뎅이아과
- **서식지** ······ 동남아시아
- **식성** ······ 나무 수액 등
- **몸길이** ······ 60~130mm

크기 비교

지난 회 대결 vs 파리매

76쪽

공중에서 빠른 속도로 몸통 박치기를 한 파리매의 기습에 코카서스 장수풍뎅이의 몸이 뒤집히고 몸도 구기에 찔렸지만, 단단한 외골격 덕에 피해는 없었다. 코카서스 장수풍뎅이는 하늘로 날아오르려던 파리매를 세 개의 뿔로 잡고 날지 못하게 막아 대결에서 이겼다.

죽음을 부르는 추격자
데스스토커

- 포악성
- 힘
- 기술
- 공격력
- 순발력
- 체력
- 스피드
- 방어력

● 분류 ········· 거미강 전갈목 전갈과
● 서식지 ······· 중동, 유럽 등
● 식성 ········· 곤충 등
● 몸길이 ······· 50~100mm

지난 회 대결 vs 타란툴라 사냥벌
80쪽

서로 위협과 견제를 하던 중에 데스스토커가 집중력이 떨어져 빈틈을 보이자 타란툴라 사냥벌은 민첩하게 상대의 머리를 물었다. 하지만 데스스토커도 곧바로 숨겨두었던 독침으로 타란툴라 사냥벌을 찔렀다.

준준결승-4
세상에서 가장 큰 지네
페루비안 자이언트 지네

포악성 · 힘 · 기술 · 공격력 · 순발력 · 체력 · 스피드 · 방어력

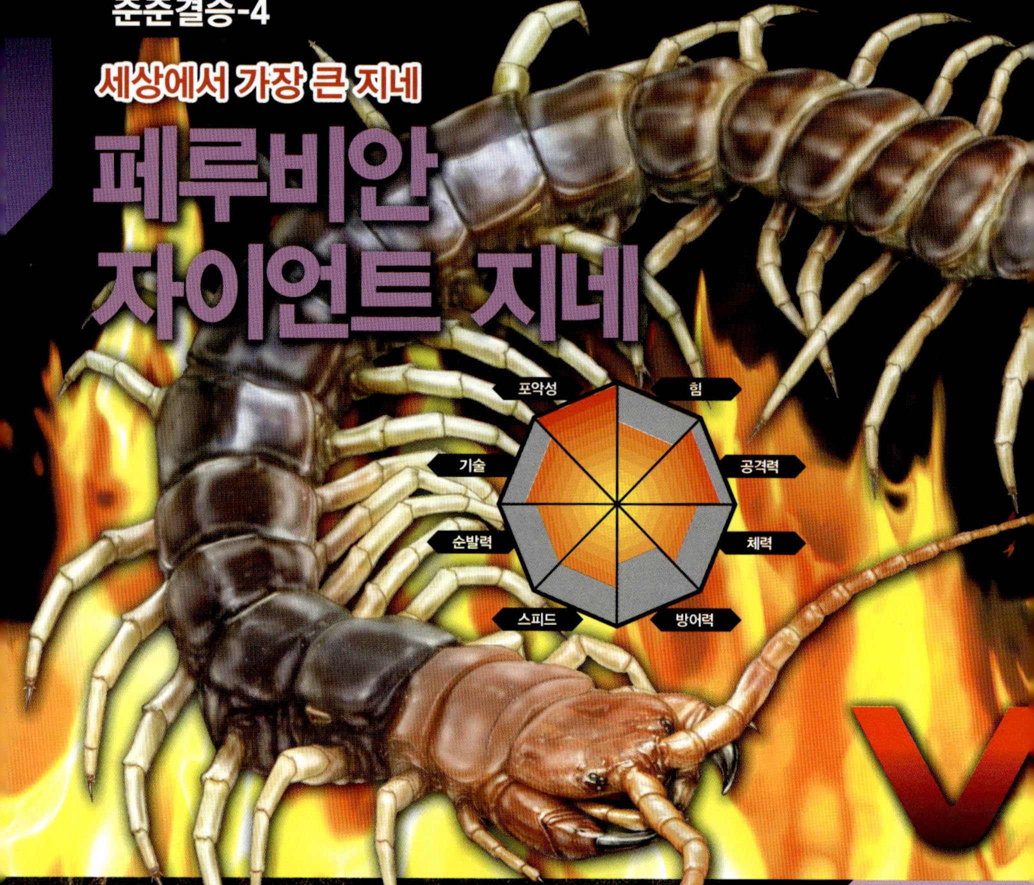

- 분류 ········ 왕지네목 왕지넷과
- 서식지 ······ 남아메리카
- 식성 ········ 작은 동물
- 몸길이 ······ 200~400mm

크기 비교

지난 회 대결   vs 총알개미

상대의 민첩함을 따라가지 못하고 빈틈을 보인 페루비안 자이언트 지네가 총알개미의 독침에 쏘여 기절했다. 기절한 동안 깨물기 공격을 받은 페루비안 자이언트 지네지만, 깨어나자 바로 총알개미를 긴 몸으로 감아 조르고 독니로 물었다!

84쪽

곤충계의 중전차
수마트라 왕넓적사슴벌레

- 분류 ······ 딱정벌레목 사슴벌렛과 넓적사슴벌레속
- 서식지 ······ 인도네시아
- 식성 ······ 나무 수액 등
- 몸길이 ······ 30~100mm

지난 회 대결 vs 자귀나무허리노린재   88쪽

수마트라 왕넓적사슴벌레는 자귀나무허리노린재에게 접근하다가 악취 공격을 받았다. 강렬한 악취에 잠시 주춤했던 수마트라 왕넓적사슴벌레는 상대를 큰 집게 턱으로 물고 높게 들어 올렸다. 싸울 의지가 꺾인 자귀나무허리노린재는 질질 끌려갔다.

배틀 씬 2
물러섬 없는 싸움

머리 아랫부분을 물린 페루비안 자이언트 지네는 서둘러 긴 몸으로 상대를 감아 조르며 깨물었다! 반격을 당한 수마트라 왕넓적사슴벌레는 괴로워하면서도 더욱 강한 힘으로 상대를 물고 놓아주지 않는다.

힘겨루기의 승자는?

LOCK ON!!

깨물기 공격
페루비안 자이언트 지네의 턱 힘은 강하지만, 머리 아랫부분을 물린 탓에 본래의 힘을 쓰지 못하고 있다.

배틀 씬 3
강력한 깨물기 공격

힘겨루기가 길어지자 체력에서 불리한 수마트라 왕넓적사슴벌레가 최후의 일격으로 온 힘을 다해 상대를 깨물었다. 강력한 턱 힘에 페루비안 자이언트 지네의 몸이 두 동강으로 잘렸다!

수마트라 왕넓적사슴벌레의 승리!

칼럼 ❺

멸종된 고대 곤충들

곤충이 지구에 등장한 것은 지금으로부터 약 4억 년 전의 일이다.
고대에는 현대보다 월등하게 거대한 곤충들이 있었다.
태고의 지구에서 크게 번성했던 거대 곤충들을 알아보자.

태고의 곤충들은 왜 거대했을까?

고대에는 강아지보다 커다란 바퀴벌레와 까마귀보다 큰 잠자리가 있었다. 고대의 곤충들은 왜 거대했을까? 여러 가지 학설이 있는데, 태고의 지구가 현재보다 공기 중의 산소 농도가 높았기 때문에 곤충들이 거대했다는 설이 유력하다.

앱솔로 블라타리아

페름기(약 2억 9900만 년 전~2억 5000만 년 전)에 서식했던 것으로 알려져 있고, 지금까지 화석으로 발견된 바퀴벌레 중 가장 거대하다.

- ■ **분류** 망시목
- ■ **서식지** 영국, 미국, 러시아
- ■ **식성** 밝혀지지 않음
- ■ **몸길이** 50cm

숲속의 거대 바퀴벌레

사울로프티루스 론기페스

백악기(약 1억 4500만 년 전~6600만 년 전)에 서식한 거대한 벼룩이다. 백악기는 공룡이나 거대 파충류가 번성한 시기로, 주로 익룡의 피를 빨았을 것이다.

- ■ **분류** 벼룩목
- ■ **서식지** 러시아
- ■ **식성** 익룡의 피 등
- ■ **몸길이** 25mm

공룡 시대의 흡혈귀

메가네우라

석탄기 말기(약 2억9000만 년 전 무렵)에 서식했던 거대 잠자리로, 날개 길이가 무려 70cm나 되었다. 하늘을 난 역사상 가장 거대한 곤충으로 알려져 있다.

- ■ 분류   메가니소프테라목 메가네우라과
- ■ 서식지 유럽, 북아메리카 등
- ■ 식성   밝혀지지 않음
- ■ 날개 길이 50~70cm

태고의 하늘을 지배한 곤충

역사상 가장 거대한 절지동물

아르트로플레우라

석탄기(약 3억5900만 년 전~2억9900만 년 전)에 숲에 서식했던 곤충이다. 지네나 노래기에 가까운 생물로, 초식 곤충이었을 가능성이 높다.

- ■ 분류   아르트로플레우라과
- ■ 서식지 북아메리카 등
- ■ 식성   밝혀지지 않음
- ■ 몸길이 200~300cm

※화석에 기초한 상상도여서 배를 씬과 칼럼의 그림 색상에 차이가 있지만, 같은 것들이다.

메가네우라 vs 아르트로플레우라

거대 곤충과 거대 절지동물의 대결!

➡ 90쪽으로

랭킹 3
스피드 & 순발력

스피드와 순간적으로 빠르게 움직일 수 있는 순발력은 상대를 제압하는 데 필수다.

스피드 랭킹 TOP 10

1 파리매
파리맷과 곤충 중에는 시속 145km로 날 수 있는 것도 있을 정도로, 파리매의 비행 속도는 빠르다.

2 장수잠자리
시속 70km로 빠르게 날 수 있다.

3 장수말벌
파리매나 장수잠자리 정도는 아니지만 시속 40km의 비행 속도는 사람이 뛸 때의 속도보다 빠르다.

4 데스스토커 8 타란툴라 사냥벌
5 페루비안 자이언트 지네 9 황제대왕길앞잡이
6 낙타거미 10 브라질 완더링 스파이더
7 사막메뚜기

순발력 랭킹 TOP 10

1 파리매
빠른 속도로 비행하면서 급선회하는 것이 특기로, 공중전에서 파리매에게 이기는 것은 매우 어려운 일이다.

2 장수잠자리
4장의 날개를 각각 움직일 수가 있어서 정지 비행 상태에서 급발진하는 것도 가능하다.

3 타란툴라 사냥벌
독거미를 상대로 완승을 거둘 수 있는 이유는 뛰어난 민첩성으로 독거미의 이빨을 피할 수 있기 때문이다.

4 드래곤 사마귀 8 페루비안 자이언트 지네
5 장수말벌 9 낙타거미
6 데스스토커 10 사막메뚜기
7 황제대왕길앞잡이

준결승-1

곤충계의 천하장사
헤라클레스 장수풍뎅이

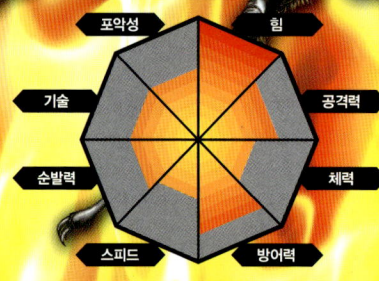

- 포악성
- 힘
- 기술
- 공격력
- 순발력
- 체력
- 스피드
- 방어력

- **분류** ········ 딱정벌레목 풍뎅잇과 장수풍뎅이아과
- **서식지** ······ 중앙아메리카, 남아메리카
- **식성** ········ 나무 수액, 과즙 등
- **몸길이** ······ 100~170mm

크기 비교

지난 회 대결   vs 브라질 완더링 스파이더   98쪽

브라질 완더링 스파이더의 공격을 예측한 헤라클레스 장수풍뎅이가 집게 뿔로 상대의 다리를 붙잡아 부러트렸다. 브라질 완더링 스파이더는 협각으로 깨물려고 했지만, 헤라클레스 장수풍뎅이가 먼저 집게 뿔로 상대를 들어 힘껏 집어던져서 승부가 났다.

황제대왕길앞잡이

곤충계의 육식 싸움꾼

- 포악성
- 힘
- 기술
- 공격력
- 순발력
- 체력
- 스피드
- 방어력

● 분류 ············ 딱정벌렛과 길앞잡이아과 만티코라속
● 서식지 ·········· 남아프리카
● 식성 ············ 곤충, 파충류 등
● 몸길이 ·········· 45~70mm

지난 회 대결 vs 장수잠자리

102쪽

장수잠자리에게 많은 공격을 받았지만 황제대왕길앞잡이는 단단한 외골격 덕에 큰 피해를 당하지 않았다. 공격 기회를 노리던 황제대왕길앞잡이는 공격을 한 뒤 날아오르려는 상대의 날개를 큰 턱으로 물어 당겨서 찢었다! 그리고 땅에 떨어진 상대를 놓치지 않고 깨물었다.

배틀 씬 2
상대의 집중력이 떨어졌을 때 반격!

공격이 계속 실패하자 헤라클레스 장수풍뎅이의 집중력이 떨어졌다. 순간의 빈틈을 놓치지 않고 황제대왕길앞잡이가 반격하여 큰 턱으로 상대를 물었다.

정면에서 큰 턱으로 깨물기

LOCK ON!!

큰 턱으로 깨물기
황제대왕길앞잡이의 큰 턱의 위력은 강력해서 다른 곤충이라면 이미 승부가 났겠지만, 상대가 같은 딱정벌레여서 큰 피해를 주지는 못했다.

배틀 씬 3
집어던지기 공격

상대가 정면으로 물자 헤라클레스 장수풍뎅이에게도 드디어 공격 기회가 왔다. 헤라클레스 장수풍뎅이는 상대와 힘겨루기를 하다가 두 개의 길고 큰 뿔로 황제대왕길앞잡이를 들어 올린 후 집어던졌다!

헤라클레스 장수풍뎅이의 승리!

준결승-2
죽음을 부르는 추격자
데스스토커

- 포악성
- 힘
- 기술
- 공격력
- 순발력
- 체력
- 스피드
- 방어력

- ● 분류 ……… 거미강 전갈목 전갈과
- ● 서식지 ……… 중동, 유럽 등
- ● 식성 ……… 곤충 등
- ● 몸길이 ……… 50~100mm

크기 비교

지난 회 대결 vs 코카서스 장수풍뎅이   106쪽

코카서스 장수풍뎅이는 돌진해서 데스스토커를 밀어붙였다. 뒷걸음질 치는 상대에게 코카서스 장수풍뎅이가 뿔을 밀어 넣고는 들어 올려서 집어던졌다! 하지만 지친 데스스토커가 마지막 힘을 짜내 찌른 독침이 코카서스 장수풍뎅이의 등에 꽂혔다.

곤충계의 중전차
수마트라 왕넓적사슴벌레

스탯: 포악성, 힘, 공격력, 체력, 방어력, 스피드, 순발력, 기술

- 분류 ·············· 딱정벌레목 사슴벌렛과 넓적사슴벌레속
- 서식지 ············ 인도네시아
- 식성 ·············· 나무 수액 등
- 몸길이 ············ 30~100mm

지난 회 대결　vs 페루비안 자이언트 지네　110쪽

수마트라 왕넓적사슴벌레가 큰 턱으로 상대를 물었다. 페루비안 자이언트 지네도 서둘러 긴 몸으로 상대를 감아 조르며 깨물었지만, 수마트라 왕넓적사슴벌레는 더욱 강한 힘으로 상대를 물고 놓아주지 않았다. 그 결과, 상대의 몸이 두 동강으로 잘렸다.

상대를 떼어내고 거리 두기

배틀 씬 2
놓지 않으려는 집념

데스스토커가 상대의 앞다리를 꽉 물고 놓지 않으려고 한다. 이대로라면 수마트라왕넓적사슴벌레는 앞다리를 잃을 수도 있는 상황이다! 수마트라왕넓적사슴벌레는 몸을 휘둘러서 겨우 상대를 떼어 놓았다.

LOCK ON!!

독침 공격
데스스토커의 독침에 쏘이면 사람도 생명을 잃을 수 있다. 그러나 단단한 외골격을 가진 상대에게 독침을 쏘기는 쉽지 않다.

배틀 씬 3
초조함에 성급해진 공격

작전 실패로 초조해진 데스스토커가 다시 상대에게 접근한다. 그리고는 아직 거리를 좁히지 못한 상태에서 꼬리 끝에 있는 독침으로 성급하게 찌르려 한다. 그러나 독침을 본 수마트라왕넓적사슴벌레는 집게 턱으로 상대의 꼬리를 잘랐고, 그것으로 승부가 결정되었다.

수마트라왕넓적사슴벌레의 승리!

랭킹 4
기술

힘이나 스피드에서 밀려도 기술을 잘 활용하면 대결에서 이길 수 있다. 곤충계의 전투 기술 순위를 살펴보자.

기술 랭킹 TOP 10

다채롭게 진화한 곤충들은 포유류 이상으로 다양한 공격 패턴을 가진다. 독침 발사, 발광, 가스 분출 등 자신이 가진 무기의 효과를 극대화하기 위해서는 세련된 기술이 필요하다.

데스스토커
긴 꼬리를 자유로이 움직여서 꼬리 끝 독침으로 정확하게 적을 찌르는 기술이 뛰어나다.

포투리스 반딧불이
포투리스 반딧불이는 다섯 가지의 발광 패턴을 사용해 다른 종의 수컷 반딧불이를 유인한다.

파리매
빠르게 날면서 먹이의 등 뒤로 정확하게 접근해 구기를 찔러 넣는 높은 수준의 기술을 가지고 있다.

4. 드래곤 사마귀
5. 페루비안 자이언트 지네
6. 장수말벌
7. 장수잠자리
8. 타란툴라 사냥벌
9. 수마트라 왕넓적사슴벌레
10. 헤라클레스 장수풍뎅이

공수에 유리한 위장(의태)

기술 랭킹에서는 특색 있는 무기를 가진 곤충들이 높은 순위에 올랐다. 4위인 드래곤 사마귀는 마른 나뭇가지와 비슷한 모습으로 몸을 위장해 특기인 매복 작전의 효과를 높인다. 이와 같이 자연환경에 녹아드는 형태를 '위장(의태)'이라고 한다. 위장(의태)을 하는 곤충 대부분은 주변 식물과 비슷한 모습을 띠지만, 가시가지나방의 애벌레처럼 새들이 날면서 싼 똥과 닮은 모습으로 변장해 적으로부터 몸을 지키는 특이한 위장 기술을 가진 곤충도 있다.

랭킹 5
포악성

혹독한 자연환경에서 살아남으려면 강한 투쟁 본능도 필요하다. 적을 두려워하게 만드는 포악한 곤충 순위를 살펴보자.

포악성 랭킹 TOP 10

곤충끼리의 싸움에서 포악성은 싸움을 유리하게 하는 요소 중 하나다. 선제공격을 해서 싸움을 유리하게 끌어갈 수 있으며, 같은 종의 곤충이 겁을 먹고 자기의 터전을 버리고 도망가면 먹이를 두고 경쟁할 필요도 없어진다.

 페루비안 자이언트 지네
곤충뿐만이 아니라 도마뱀, 개구리, 심지어 쥐나 작은 새도 물불 가리지 않고 공격하며 포악성을 드러낸다.

 장수말벌
개체수가 늘어나는 가을이 되면 포악해진다. 많은 양의 먹이를 확보하기 위해 꿀벌의 집을 집단으로 공격한다.

 브라질 완더링 스파이더
상대를 견제하는 위협적인 움직임을 하면서 물어뜯는 공격성을 보인다. 심지어 사람에게도 덤벼든다.

4 데스스토커
5 황제대왕길앞잡이
6 낙타거미
7 수마트라 왕넓적사슴벌레
8 코카서스 장수풍뎅이
9 대왕귀뚜라미
10 총알개미

사람에게 가장 해로운 존재는?

사람들의 생활에 가장 큰 피해를 주는 면에서는 사막메뚜기가 으뜸이다. 메뚜기는 수천만 마리가 모여 이동하면서 쌀이나 옥수수, 보리 등 농작물을 무자비하게 먹어치운다. 그 피해는 연간 4000억 원 이상이라고 한다. 사막메뚜기 때문에 발생한 농업 분야의 피해는 고대에도 있었으며, 그 피해 상황은 성경 등에 기록되어 있다.

결승

곤충계의 천하장사
헤라클레스 장수풍뎅이

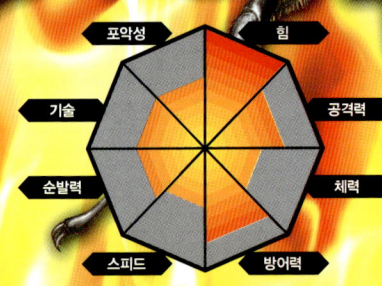

포악성 / 힘 / 공격력 / 체력 / 방어력 / 스피드 / 순발력 / 기술

- 분류 ········· 딱정벌레목 풍뎅잇과 장수풍뎅이아과
- 서식지 ······· 중앙아메리카, 남아메리카
- 식성 ········· 나무 수액, 과즙 등
- 몸길이 ······· 100~170mm

크기 비교

지난 회 대결 vs 황제대왕길앞잡이

118쪽

헤라클레스 장수풍뎅이의 돌격을 황제대왕길앞잡이는 전부 피했다. 계속된 공격 실패로 헤라클레스 장수풍뎅이의 집중력이 떨어지자 그 틈을 놓치지 않고 황제대왕길앞잡이가 큰 턱으로 물었다. 이에 헤라클레스 장수풍뎅이는 곧바로 상대를 집어던져 대결을 끝냈다.

곤충계의 중전차
수마트라 왕넓적사슴벌레

스탯: 포악성 / 힘 / 공격력 / 체력 / 방어력 / 스피드 / 순발력 / 기술

- **분류** ········· 딱정벌레목 사슴벌렛과 넓적사슴벌레속
- **서식지** ······ 인도네시아
- **식성** ········· 나무 수액 등
- **몸길이** ······ 30~100mm

지난 회 대결 vs 데스스토커 → 122쪽

수마트라 왕넓적사슴벌레는 몸을 휘둘러서 자신의 앞다리를 꽉 물고 놓지 않으려는 데스스토커를 겨우 떼어 놓았다. 상대는 다시 접근하여 꼬리 끝에 있는 독침으로 찌르려 했지만, 수마트라 왕넓적사슴벌레는 집게턱으로 상대의 꼬리를 잘랐다.

더 알아보는
곤충 정보

토너먼트와 시범경기, 그리고 칼럼에 등장한 곤충을 소개한다. 각 곤충이 등장한 쪽을 참조해 곤충의 생태나 전투 모습 등을 확인해보자.

황제대왕길앞잡이
64·100·117·126쪽

지상 최대급의 길앞잡이. 좌우의 커다란 턱이 비대칭적으로 나 있는 경우가 많은데, 수컷일수록 비대칭이 심하다. 영화 〈프레데터〉에 등장한 괴수와 모습이 비슷해서 "프레데터 비틀"이라는 별명을 가지고 있다.

- 서식지 ▶ 남아프리카
- 몸길이 ▶ 45~70mm
- 식성 ▶ 곤충, 파충류 등

드래곤 사마귀
20·60·97쪽

동남아시아 등 일부 지역에만 서식하는 희귀한 곤충으로, 세상에서 가장 큰 사마귀다. 마른 나뭇가지에 의태한 모습이며, 작은 잎사귀처럼 보이는 것들이 몸에 나기도 한다.

- 서식지 ▶ 동남아시아
- 몸길이 ▶ 70~200mm
- 식성 ▶ 곤충, 파충류 등

프루스토르페리 대왕뱀잠자리
43·83쪽

중국에 서식하는 세상에서 가장 큰 수생곤충(물 속에서 사는 곤충)이다. 날개를 폈을 때 길이가 20cm가 넘는 큰 개체도 있다. 애벌레일 때는 육식성이지만, 성충이 되면 나무 수액이나 과일 등을 먹는다.

- 서식지 ▶ 중국 등
- 몸길이 ▶ 약 140mm
- 식성 ▶ 나무 수액 등
  (애벌레일 때는 육식성)

자귀나무허리노린재
46·86·109쪽

초록색 몸과 갈색 날개가 특징인 노린재로, 자귀나무의 잎을 주로 먹는다. 과즙도 좋아하기 때문에 종종 과수원에서 키우는 과일의 즙을 빨아서 과일을 상하게 한다.

- 서식지 ▶ 한국, 중국, 일본 등
- 몸길이 ▶ 20~25mm
- 식성 ▶ 나뭇잎, 나무 수액 등

장수말벌
29·68·101쪽

한국에도 서식하는 세상에서 가장 큰 말벌. 작은 곤충 등을 붙잡아 강력한 턱으로 씹어서 고기완자 형태로 만든 후에 애벌레에게 먹인다. 성충이 되면 나무 수액이나 꿀 또는 애벌레가 토한 것을 먹는다.

- 서식지 ▶ 아시아 곳곳
- 몸길이 ▶ 25~40mm
- 식성 ▶ 나무 수액, 꿀 등
  (애벌레일 때는 육식성)

타란툴라 사냥벌
39·78·105쪽

타란툴라 등 대형거미를 전문으로 사냥하기 때문에 땅 위를 돌아다니는 경우가 많다. 잡은 대형거미를 벌집에 끌고 와 그 위에 알을 낳으면, 알에서 부화한 애벌레들이 거미를 먹는다. 성충은 거미를 먹이로 하지 않고 꿀을 주로 먹는다.

- 서식지 ▶ 미국
- 몸길이 ▶ 약 60mm
- 식성 ▶ 꿀 등
  (애벌레일 때는 육식성)

토너먼트

장수잠자리

69·101·117쪽

- 서식지 ▶ 한국, 중국, 일본 등
- 몸길이 ▶ 90~110mm
- 식성 ▶ 작은 곤충 등

한국에서 가장 큰 잠자리로, 성충이 되기까지 약 3~4년이 걸린다. 평야 지대의 습지에서 산속 계곡 물이 흐르는 지역까지 물이 흐르는 곳을 중심으로 폭넓게 활동한다. 네 장의 날개를 각각 움직이는 근육이 있어서 비행 능력이 뛰어나다.

사마귀붙이

25·65쪽

- 서식지 ▶ 세계 각지의 열대 지방, 아열대 지방
- 몸길이 ▶ 15~35mm
- 식성 ▶ 작은 곤충, 꿀 등

풀잠자리목 사마귀붙이과의 곤충으로, 상체에는 사마귀처럼 낫 모양의 앞다리를 가지고 있지만 배 부분은 잠자리나 말벌을 닮았다. 대다수의 애벌레는 거미 알의 즙을 먹고 자라며, 거미 알집 안에 고치를 짓고 번데기가 된다.

기라파 톱사슴벌레

16·57·96쪽

- 서식지 ▶ 동남아시아 열대 지역
- 몸길이 ▶ 35~120mm
- 식성 ▶ 나무 수액 등

세상에서 가장 크고 긴 사슴벌레로, 인도네시아 플로레스섬에 서식하는 것들이 가장 크게 성장한 다고 알려져 있다. 나무 수액을 먹으려고 동료와 싸우기도 하지만 기본적으로 성질이 온순하다. 몸집이 워낙 커서 천적도 적다.

검정딱지바구미

47·86쪽

- 서식지 ▶ 한국, 중국, 일본, 동남아시아 등
- 몸길이 ▶ 10~15mm
- 식성 ▶ 나뭇잎

한국 곳곳에서 발견된다. 초식성으로, 애벌레는 나무의 목질(줄기 내부의 단단한 부분)을 먹으면서 자라고 성충은 나뭇잎을 주로 먹는다. 튼튼한 외골격을 가진 딱정벌레목 곤충 중에서도 가장 단단한 외골격을 가진 곤충이다.

브라질 완더링 스파이더

56·96·116쪽

- 서식지 ▶ 남아메리카
- 몸길이 ▶ 50~100mm
- 식성 ▶ 곤충, 작은 동물 등

현존하는 거미 중 가장 강력한 독을 지닌 거미로 유명하다. 야행성으로, 낮 시간에는 햇볕이 안 닿는 나무그늘 등에 숨어 있는 경우가 많다. 밤이 되면 땅속을 이동하며 먹이를 찾는다.

코카서스 장수풍뎅이

74·104·120쪽

- 서식지 ▶ 동남아시아
- 몸길이 ▶ 60~130mm
- 식성 ▶ 나무 수액 등

아시아에서 가장 큰 장수풍뎅이. 인도네시아 등 열대우림 고지대에 주로 서식한다. 장수풍뎅이 중에서도 특히 투쟁심이 강하며 성질이 포악하기 때문에, 여러 마리를 기르려면 각각 별도의 사육 케이스에서 길러야 한다.

토너먼트

사막메뚜기
28·68쪽

- 서식지 ▶ 중동, 아프리카의 건조 지역
- 몸길이 ▶ 35~65mm
- 식성 ▶ 온갖 종류의 식물

원래 몸 색깔은 초록색이지만, 강우량이 적어져 먹이인 풀이 없을 때 부화된 개체는 몸 색깔이 옅은 노란색이나 검은색으로 바뀐다. 그럴 땐 먹이를 찾아 무리를 지어 날아다니며 농작물을 먹어치우는 해충이 된다.

파리매
34·75·104쪽

- 서식지 ▶ 한국, 일본 등
- 몸길이 ▶ 20~30mm
- 식성 ▶ 작은 곤충 등

애벌레는 땅속에서 딱정벌레목 곤충의 애벌레를 먹으면서 자라고, 성충이 되면 작은 곤충에 뾰족한 구기를 꽂아 소화액을 먹잇감 안에 주입하여 녹인 후 체액을 빨아먹는다.

수마트라 왕넓적사슴벌레
87·109·121·127쪽

- 서식지 ▶ 인도네시아
- 몸길이 ▶ 30~100mm
- 식성 ▶ 나무 수액 등

사슴벌렛과 곤충 중에서 커다란 턱으로 깨무는 힘이 가장 세다. 필리핀 팔라완 섬에 서식하는 팔라완 왕넓적사슴벌레와 함께 최강의 곤충으로 불린다. 팔라완 왕넓적사슴벌레보다 몸길이는 짧지만, 몸통은 훨씬 크다.

데스스토커
79·105·120·127쪽

- 서식지 ▶ 중동, 유럽 등
- 몸길이 ▶ 50~100mm
- 식성 ▶ 곤충 등

독침이 있는 꼬리가 매우 크다. 독성의 강도는 서식 지역마다 다른데, 일반적으로 유럽 데스스토커보다 중동 지역 데스스토커의 독이 훨씬 강력해서 간혹 쏘인 사람이 사망하는 사례가 보고된다.

총알개미
82·108쪽

- 서식지 ▶ 중앙아메리카, 남아메리카
- 몸길이 ▶ 20~30mm
- 식성 ▶ 절지동물, 진딧물의 배설물 등

"콩가개미"로도 불리며, 개미 중 가장 큰 몸집을 자랑한다. 일반적으로 개미는 일개미보다 여왕개미가 훨씬 크지만, 총알개미는 일개미와 여왕개미의 몸집 차이가 거의 없다.

낙타거미
21·60쪽

- 서식지 ▶ 세계 각지의 열대 지방, 아열대 지방
- 몸길이 ▶ 100~150mm
- 식성 ▶ 작은 곤충 등

여덟 개의 다리와 외부로부터의 자극을 감지하는 기관인 촉지 두 개가 다리처럼 길어서, 마치 10개의 긴 다리를 가지고 있는 것처럼 보인다. 촉지 끝에 있는 빨판으로 먹이를 붙잡거나 평평한 벽에 달라붙는다.

포투리스 반딧불이 17·57쪽

서식지	▶ 북아메리카
몸길이	▶ 15mm~50mm
식성	▶ 작은 곤충 등

대부분의 반딧불이는 애벌레일 때만 육식을 하지만, 포투리스 반딧불이는 성충이 되어서도 육식을 한다. 잡아먹은 반딧불이의 독을 몸 안에 지니고 있다가 다른 사냥꾼들로부터 자신을 지키는 데 사용한다.

헤라클레스 장수풍뎅이 61·97·116·126쪽

서식지	▶ 중앙아메리카, 남아메리카
몸길이	▶ 100~170mm
식성	▶ 나무 수액, 과즙 등

세상에서 가장 큰 장수풍뎅이로, 집게처럼 생긴 두 개의 기다란 뿔이 있다. 황갈색의 윗날개에 검은색 반점이 있는 것이 특징이지만, 온도가 높고 습한 곳에서 자라면 흑갈색에 가까운 날개색이 된다.

페루비안 자이언트 지네 42·83·108·121쪽

서식지	▶ 남아메리카
몸길이	▶ 200~400mm
식성	▶ 작은 동물

남미 열대우림 등에 서식하는 세상에서 가장 큰 지네. 다리는 노란색, 또는 노란색과 검은색의 점박이 무늬를 띄는데, 이것은 자신에게 독이 있음을 적에게 알리는 경고색이다. "페루 노란다리왕지네", "아마존 왕지네" 등 여러 별명으로 불린다.

폭탄먼지벌레 32·35·75쪽

서식지	▶ 한국, 일본, 중국 등 폭넓게 분포
몸길이	▶ 25~35mm
식성	▶ 작은 곤충 등

주로 논에 서식한다. 적으로부터 몸을 지키기 위해 엉덩이 끝에서 100도 이상의 고온 가스를 분사(액체나 기체를 세차게 내뿜음)하는 것이 특징이다. 사람 눈에 들어가면 최소 30분은 눈을 뜨기 어려우며, 심하면 실명할 수도 있다.

대왕귀뚜라미 24·65·100쪽

서식지	▶ 인도네시아
몸길이	▶ 60~100mm
식성	▶ 곤충, 파충류 등

어리여치의 대형종이다. 몸 색깔이 짙은 갈색으로 한국의 귀뚜라미와 비슷하지만, 몸길이는 두세 배 더 길다. 암컷은 수컷보다 몸집이 크며, 수컷과 암컷을 같이 키우면 암컷이 수컷을 잡아먹기도 한다.

골리앗 버드이터 38·78쪽

서식지	▶ 남아메리카
몸길이	▶ 100~120mm
식성	▶ 곤충, 작은 동물 등

세상에서 가장 큰 거미로, 다리를 활짝 폈을 때 길이가 무려 30cm에 달하는 개체도 있다. 공격적인 성격이지만, 독성은 그리 강하지 않다. 남아메리카 정글에 사는 현지 원주민들의 귀중한 단백질 공급원이기도 하다.

시범경기

아르트로플레우라　91·113쪽

약 3억5천만 년 전에 서식했던 곤충으로, 지네나 노래기와 같은 절지동물. 몸길이가 2~3m에 달했을 것으로 추정된다. 역사상 가장 거대한 절지동물이었을 것으로 여겨진다.

물방개(애벌레)　50쪽

한국, 중국, 시베리아 등지에 서식하는 물방개의 애벌레. 다 자란 성충은 물속에서 사는 곤충 중에서 수영 실력이 가장 뛰어나다. 뒷다리로 노를 젓듯이 헤엄친다.

막시무스 물장군　51쪽

남아메리카에 서식하는, 몸길이가 10cm에 달할 정도로 거대한 물장군. 용맹한 성격으로 자기보다 몸집이 큰 쥐를 잡아먹기도 한다.

메가네우라　90·113쪽

약 2억9천만 년 전에 서식했던 태고 시절의 잠자리. 날개를 폈을 때 길이가 60cm가 넘었을 것으로 추정된다. 역사상 가장 거대한 곤충으로 여겨진다.

곤충 칼럼

앱솔로 블라타리아　112쪽
에메랄드 바퀴벌레 말벌　52쪽

완보동물　92쪽

바퀴벌레　53쪽

나미브 사막거저리　53쪽
사울로프티루스 론기페스　112쪽

자폭개미　33쪽

석유파리(애벌레)　93쪽

서관충　93쪽
체체파리　32쪽

거북개미　33쪽

심해등각류　93쪽

다윈스 바크 스파이더　53쪽
난초사마귀　52쪽

베네수엘라 산누에나방(애벌레)　33쪽

곤충을 더욱 깊이 이해하는
용어집

토너먼트나 곤충 칼럼, 곤충 정보 등에서 사용된 용어를 설명한다.

용어

갑각류
머리에 두 쌍(4가닥)의 더듬이를 가진 절지동물. 물벼룩, 따개비, 새우, 게, 가재, 쥐며느리 등이 이에 속한다.

구기(口器)
절지동물의 입을 둘러싸며 먹이를 알아채고, 삼키거나 씹는 역할을 하는 기관을 아울러 이르는 말. 각 곤충의 식성에 따라 다양한 형태가 있으며, 커다란 턱도 구기의 일종이다.

기생
서로 다른 생물이 함께 생활하며, 한쪽은 이익을 보나 다른 한쪽은 손해만 보는 관계

다지류
머리에 한 쌍(2가닥)의 더듬이가 있고, 긴 몸에 다리가 많이 달린 절지동물. 모두 육지에서 서식한다. 지네, 결합강 곤충, 노래기 등이 여기에 속한다.

분포
일정한 곳으로 흩어져 퍼져 있음

성충
다 자란 곤충

식성
동물이 주로 먹는 먹이에 대한 성미. 육식성, 초식성, 잡식성이 있다.

외골격
곤충을 포함한 절지동물의 몸 표면을 덮고 있는 딱딱한 피부. 그중에서도 딱정벌레목은 단단한 외골격을 가지는 경우가 많다.

위협
적에게 경고하기 위해 취하는 행동. 커다란 턱을 여닫으며 경고음을 낸다든가, 앞다리나 날개를 펼쳐 몸을 커다랗게 보이게 하는 등의 방법이 있다.

의태
동물이 몸을 숨기려고 모양이나 색깔을 주위와 비슷하게 꾸미는 것

절지동물
관절이 있는 다리와 단단한 외골격이 있으며, 탈피(딱딱해진 오래된 외골격을 벗는 것)하면서 성장하는 동물. 크게 곤충류, 협각류, 갑각류, 다지류의 네 가지로 구분된다.

천적
항상 어떤 생물을 공격해서 먹이로 삼거나 잘 번식하지 못하게 하는 다른 종의 생물을 통틀어 이르는 말. 예를 들어, 진딧물을 먹는 무당벌레는 진딧물의 천적이다.

퇴화
복잡한 형태나 기능을 가진 기관이 단순한 기관으로 축소되는 것

해충
인간에게 해를 끼치는 벌레

협각
협각류의 머리에 있으면서 집게처럼 먹이를 잡는 부위. 거미의 협각은 입 주변에 있고, 집게발처럼 생긴 전갈의 협각은 머리 옆에 있다.

협각류
더듬이가 없고, 머리에 협각이 있는 절지동물. 거미, 전갈, 투구게, 진드기 등이 이에 속한다.

【감수】
Shinohara Kaori
곤충 전문가. 『이상한 곤충 도감』, 『이상한 곤충 도감– 곤충과 사람의 연애 전략』, 『LIFE 사람이 알지 못하는 삶』, 『서바이벌, 강하면 살아남을 수 없다』 등 다수의 곤충 관련 책을 썼습니다.

【번역】
김건
일본에서 공부한 김건 선생님은 현재 학교에서 만화를 가르치면서 다양한 삽화 작업과 일한·한일 번역 작업을 하고 있습니다. 번역서로는 『최강 동물왕: 멸종동물편』, 『최강 공룡왕』, 『최강 요괴왕』 등이 있습니다.

허재훈
일본 문화와 언어에 지식이 깊은 허재훈 선생님은 다양한 일한·한일 번역 작업을 하고 있습니다. 번역서로는 『최강 동물왕: 멸종동물편』, 『최강 공룡왕』 등이 있습니다.

지은이 학연 컨텐츠 개발팀
감수 Shinohara Kaori
펴낸이 정규도
펴낸곳 (주)다락원

초판 1쇄 발행 2018년 12월 20일
초판 8쇄 발행 2025년 2월 1일

편집 허윤영
디자인 김나경, 조수영

ISBN 978-89-277-0107-1   76490
사용 연령 6세 이상

다락원 경기도 파주시 문발로 211
내용문의: (02)736-2031 내선 520
구입문의: (02)736-2031 내선 250~252
Fax: (02)732-2037
출판등록 1977년 9월 16일 제406-2008-000007호

저자 및 출판사의 허락 없이 이 책의 일부 또는 전부를 무단 복제·전재·발췌할 수 없습니다. 구입 후 철회는 회사 내규에 부합하는 경우에 가능하므로 구입 문의처에 문의하시기 바랍니다. 분실·파손 등에 따른 소비자 피해에 대해서는 공정거래위원회에서 고시한 소비자 분쟁 해결 기준에 따라 보상 가능합니다. 잘못된 책은 바꿔 드립니다.
www.darakwon.co.kr

Kontyuu Saikyouou Zukan
©Gakken
First published in Japan 2018 by Gakken Plus., Ltd., Tokyo
Korean translation rights arranged with Gakken Plus Co., Ltd. through Imprima Korea Agency

이 책의 한국어판 저작권은 Imprima Korea Agency를 통한 Gakken Plus Co., Ltd.와의 독점 계약으로 도서출판 다락원에 있습니다. 저작권법에 의해 한국 내에서 보호를 받는 저작물이므로 저자 및 출판사의 허락 없이 이 책의 일부 또는 전부의 무단 전재 및 복제를 금합니다.